看護師僧侶が説く
悩みの底を聴く力

玉置妙憂
Tamaoki Myouyu

PHP

はじめに

その日、私はある女性に会いに行きました。

全身の筋肉が衰えていく難病を発症しているその女性は、いずれ自発呼吸ができなくなります。そうなっても人工呼吸器はつけたくない。そうまでして生きたくない、というのが彼女の希望でした。

でも、家族は人工呼吸器をつけてほしいと願っています。彼女に生きてほしい。それまで何度か彼女と会っていた私にも、同じ思いがありました。

私は彼女の話を聴《き》きました。彼女が自分の思いを語る言葉に、じっと耳を傾けました。

そして、1時間ほどたった頃。彼女がぽつりと言いました。

「やっぱり、生きたい」

その言葉に、彼女とふたりで、ただ泣きました。


別のある日。人と話すときに緊張してしまうことに悩んでいる青年が、私のところに相談に訪れました。

これまで、いろいろな人から「緊張しない方法」をアドバイスされ、試してきた。それでも、どうしても緊張してしまうと言います。

私は彼の話を聴きました。彼は、子どもの頃に母親から虐待《ぎゃくたい》を受けていました。幼い彼は、いつも母親の機嫌を損《そこ》ねないかとビクビクしながら話していた。「その頃の感覚が、まだ残っているのかもしれない」。私に話しながら、彼自身がそう気づきました。

その後、彼は、人と話すのがだいぶラクになったそうです。

どちらのケースでも、私がしたのは「ただ相手の話を聴く」こと。

悩みや不安を抱えている人の話を聴く。それは、相手のために答えを出してあげることではなく、相手自身が答えを出すのを手伝うことです。

私は看護師であり、僧侶です。夫を亡くしたことをきっかけに、人間の根源的な苦しみをケアする、スピリチュアル・ケアを学び始めました。そして、スピリチュアル・ケアの活動を行うようになり、日々、人生のさまざまな問題に直面している人たちと向き合い、話を聴いています。

そこで気づいた、「聴く」ことの意味や大切さ、そして相手と自分、双方の幸せにつながる聴き方についてお伝えしていければと思っています。

「聴」という字には、「ゆる（す）」という読みもあります。

相手という人自身も、その人が悩んでいることや見ている世界も、まるごと全部「いいんだよ」と許容する。それが「聴く」ということだと、私は教えを受けました。

また、話を聴くうえでは、聴き手自身がどうあるかが大きく影響します。相手を見るのと同じくらいの質と量で、自分自身を見ることが必要になります。

相手の話に、ただ丁寧に耳を傾ける。それは、一般的に「傾聴」と呼ばれるものですが、この本でお伝えするのは、傾聴のテキストに載っているようなことではありません。すべて、私自身がケアの現場で実践して気づき、獲得してきたことです。

「こうすればいい」というおすすめではなく、あくまでも「こうしてみたら」という、私からのご提案。あなたに合うと思うものがあれば採用して、あなた自身の聴き方をつくる材料にしていただけたら幸いです。

悩みの底を聴く力　目次

第2章 相手の気持ちを真ん中に置く

第3章 ただ聴くということ

第4章

「物語」を書き換える

第5章 耳を傾けるところに仏が生まれる

◎装幀＝bookwall
◎イラスト＝くぼあやこ
◎編集協力＝堀江令子

第1章

なんとかしようとしなくていい

1 ハウツーで返そうとしない

「ほんとにいやになっちゃう。○○さんがこんなことを言って……」

ママ友とのつきあいについて、妻があれこれグチを言う。すると、夫は往々にしてこう言います。

「じゃあ、その集まりに行かなければいいじゃないか」

そう言われて「そうか、行かなければいいのよね」と、妻がすとんと納得するかといえば、そんなことはありませんよね。この場合、妻は問題解決の方法論を求めているのではなく、自分の気持ちを聴いてほしいのです。

私たちは、悩んでいる人の話を聴くと、それに対してどうすればいいかという、「ハウツー」を返してしまいがちです。

世の中の窓口たるところの対応が、すべてそうだからです。親の介護をしている人が、区役所の窓口に行ってそのつらさを話すと、「ショートステイを使ってみましょう」「施設入所を考えてみては」と、すぐにハウツーを示されます。

話を聴く側としては、ハウツーを返すほうがラクだし、「できる人」に見えるような気もします。

でも、ハウツーを返しても、本質的な解決にはなりません。

たとえば、「人と話すときに緊張してしまう」という相談に対して、「手のひらに『人』という字を書いて、飲み込むおまじないをやってみたら」「深呼吸するといいよ」などと、ハウツーを返す。これは「エラー排除」のやり方です。

パソコンにエラーが出て動かなくなったとき、電源を入れ直すと、いったんエラーは消えます。でも、エラーはコンピュータの深部にあるバグ、つまりプログラミングの不具合が原因で生じています。

表面に出てきたエラーをいくら排除しても、根源であるバグが改善されない限り、エラーはその後も延々と出てきます。

「人と話すと緊張する」というエラーを、どんなハウツーを使って排除しても、もぐらたたきのようにまた出てくるのです。

そこで必要なのは、表面に現れたエラーの下に何があるのかを聴くことです。

「なんで緊張するんだろうね？」

「自分が話すと、相手の気分を害してしまうような気がするんです」

「どうしてそんな気がするのかな？」

こんなふうに、エラーの下、さらにその下には何があるのか聴き進めていくと、深層のバグにたどりつきます。

バグが見つかって修正されれば、もう二度とエラーは出なくなります。

相手の悩みの根本原因であるバグは何なのか。それは本人が見つけるしかありません。こちらが投げかけをしながら聴くことによって、本人の思考が深まり、バグに近づいていきます。

ハウツーを返して、エラーを取り除こうとするのではなく、バグを見つける。その作業を本人に促《うなが》す聴き方をすることが大切です。

エラーを取り除いても、問題は解決しない。

表面に現れている悩みの下に何があるかを聴くことで、根本原因にたどりつける。

2 なんとかしたいなんて、あなたは神ですか？

自分が話を聴くことで、相手を元気づけてあげたい。ラクにしてあげたい。問題を解決してあげたい。

そんなふうに思うのは、おこがましいことだと私は思っています。

私たちは、他人をどうにかするなどということはできません。「それができると思っているなんて、自分を万能の神かなにかだとお思いですか？」と、ついイヤミのひとつも言いたくなってしまいます。

もし誰かが自分と話して「ラクになったわ」と言ってくれたとしたら、それはこちらがその人をラクにさせたのではなく、相手が勝手にラクになったということです。

「あなたとお話をして、これからの人生がちょっと見えてきました」「おかげさまで、転職する決心がつきました」

私もそう言われることがありますが、私はただその人たちの話を聴いただけ。勝手にその人たちが、こう生きよう、転職しようと決意しただけなのです。

話を聴くときは、なんのゴール設定も目標もなく、ただ聴く。

「相談があるの」と言われたら、相談ごとの解決を目標にしてしまいがちですが、解決するもしないも相手しだい。解決するように話を聴こうと思う時点で、勘違いをしているということです。

話を聴くこちらには、なんの目的も、理想も、課題もない。だから結果として、失敗もありません。

相手に「散々話したけど、何も解決しなかったわ」と言われても、ノーダメージ。反対に、「あなたのおかげで解決した」と言われても、「いいことができた」と満足感を覚えることもない、というのが理想です。

人の悩みを聴いて感謝されるうちに、だんだんそれが自分のアイデンティティになって、相談に乗るのが趣味のようになる人もいます。

そうなるとたいてい、ろくなことを言わなくなります。「人生とはこういうものだ」などと上から説いて、自分だけが気持ちよくなっている、なんてことにならないよう気をつけたいですね。

相手に対して、自分が「なんとかできる」と思ってしまうと、できなかったときに落ち込むことになります。

その究極が、自死に関するケースです。「死にたい」と言う人と会って話を

聴いた数日後、本当に相手が自死を選んでしまった、というとき。
自分がなんとかできると思っていると、「なんで止めてあげられなかったんだろう」「私が救えたはずの命を救えなかった」と、ひたすら自分を責めてしまいます。
それはまったくのお門違《かど》い。神でも仏でもない自分が、そもそも神や仏でさえ救うことができなかったその人を、救えたはずがないのです。
そこを間違えると、いたずらに苦しむことになります。その意味においても、「なんとかしたい」なんて、思ってはいけないのです。

悩みを解決するもしないも
相手しだい。

聴き手には目的も、理想も、課題もない。
だから失敗もない。

3 共感を示すということ

「話を聴くときは、相手に共感することが大切」と、よく言われます。

では実際、どうやって「共感」していますか？

相手が「悲しい」と言ったら、「うんうん、わかるわー、悲しいんだよね、わかる」と反応する。それが「共感する」ことだと思い、積極的に実行している人も多いのではないでしょうか。

共感とは「同意」ではありません。「そうですね、それは悲しいと思います」と賛同するのが「同意」だとすれば、「共感」は、相手の悲しさをこちらも味わおうとするイメージです。

相手が感じている「悲しい」と、こちらが思うその「悲しい」は、絶対に同じではありません。２つの「悲しい」のすり合わせができていなければ、「悲しい」ことに同意はしていても、「共に感じて」はいないということです。

共に感じるには、相手の「悲しい」の中身を細かく聴いていく必要があります。それには時間も労力もかかるし、カロリーも消費します。本当の意味で共感を示すのは、簡単なことではないのです。

では、共感を示すには、どうしたらいいのでしょうか。

まず重要なのは、「うれしい」「悲しい」など、相手が口にした「感情の言葉」は、絶対にスルーしないことです。

「昨日、こういうことがあって、いやになっちゃったのよね」

この「いやになっちゃった」という感情の言葉を聞き流さず、必ずキャッチして「そうか、いやになっちゃったんだね」と反復します。

すると必然的に、こちらの意識が相手の感情のほうに向いて、相手に返す言葉がハウツーの方向には行かなくなります。会話の流れがここで変わるのです。

感情の言葉をキャッチしたら、次はその感情の中身を、皮をむくようにして明らかにしていく必要があります。

そこで活用してほしいのが、「パラフレーズ」というスキルです。

たとえば、「うれしい」という言葉が出たら、「それは、ワクワクする感じ?」というふうに、少し言葉を変えて返します。

「え、ワクワクするっていうか、なんとなくドキドキする感じかな」

「ああそうなんだ。それって、挑戦したいような気持ちなの?」

こんなふうに、相手の言葉を、少し形を変えて返すことを繰り返しながら、相手の感情の形を明確化していきます。

最終的に、相手が言う「うれしい」と、こちらが認識した「うれしい」が、きわめて近くなる。このプロセスが「共感を示す」ということです。

相手が「この人に話を聴いてもらえてよかった」と思うとき、相手はこのプロセスに対して満足しているのです。

このプロセスを経た結果、最終的にこちらが相手の感情をつかみきれなかったとしても、相手は満足しています。相手にとっては、このプロセス自体が「共感してくれた」と感じられるものだからです。

言い換えれば、このプロセスがなければ、いくら言葉で「わかるわ」と言われても、自分の気持ちを「わかってもらえた」とは感じられないはずです。

相手の気持ちをわかろうとする、そのプロセスそのものが大切。そう考えたほうが、相手に共感を伝えられると思います。

共感は「同意」とは違うもの。

相手の気持ちをわかろうとする、
そのプロセス自体に相手は満足する。

4 答えは相手の中にしかない

たとえば「いい病院を探しているんです」と相談されたら、自分が知っている「いい病院」を教えてあげたくなりますよね。でも、その病院が相手にとって「いい病院」とは限りません。

重要なのは、その人にとってどんな病院が「いい病院」なのかということ。そこを聴きます。

すると、たいてい最初は「有名な先生がいる病院」「規模が大きくて立派な病院」がいい、といった答えが返ってきます。でも、聴いているうちに「家から近くて通いやすいところがいい」など、本当に求めていることが出てきます。

つまりこの場合、「家から近くて通いやすい病院」こそが、その人にとっての「いい病院」ということです。

「いい病院」を探したいなら、まずはその人自身にとっての「いい病院」はどういうものかを整理する。それができれば見つかります。

「どう生きていったらいいですか」という相談に対しても、聴くべきは相手が「どう生きたいと思っているのか」ということです。

人は答えを外に求めがちですが、答えは本人の中にしかありません。それを一緒に見つけていくというスタンスで、相手の話を聴きます。

相手がとても落ち込んでいたり、精神的に弱っていたりすると、その人の中に答えがあるようには思えず、こちらが何とかしてあげなければと思ってしまう。それで間違った方向のサポートをしてしまうことがあります。

でも、どんなに弱ってパワーレスに見えても、小さな子どもであっても、答えはその人の中にあります。そのことを忘れてはいけません。

精神疾患があって、いまは仕事から離れ、生活保護を受けている人から、「どうすれば就職できますか」と相談されたときのことです。

話を聴いていると、彼がこの相談をするのは、自分が「ちゃんと頑張っている」という印象を与えるためのポーズなのでは、と感じました。

そこで、「就職することが一番の望みなの？」と聴いていくと、だんだん彼の目に力が宿ってきました。そして「実は働きたくない、このままの暮らしを続けていけたらと思っている」と話し始めました。

良し悪しは別として、それが彼の中の答え。だとすれば、現状で悩む必要はないということです。そんなふうに、本人が無意識のうちに隠していた答えが、話を聴くことで見つけられることもあります。

どんなに弱っている人でも、答えはその人の中にある。

答えを外に求めても見つからない。本人の中にある答えを一緒に見つけていく。

5 ベッドに寝ている人の気持ちはわからない

私は看護学生を教育する立場でもあります。「患者の気持ちになって看護しなさい」と、看護教員は学生によく言います。

でも、二十歳《はたち》そこそこの若さで健康な身体を持ち、恋愛や遊びも謳歌《おうか》している人が、ベッドに寝たきりで死に瀕《ひん》している人の気持ちなんて、わかるわけがありません。わかると思ったら、そこで終わりです。

人の気持ちはわからない。それが基準です。コミュニケーションのハウツー本の多くは、「人の気持ちがわかる」ことを前提に、こう聴けば相手の気持ちがわかる、共感できると説いています。それを実践して「わかった」ことにしてしまったら、そこから先には絶対に進みません。

どれほど相手の話を聴いても、その人のことなんてまったくわからない。それを土台にして、その上に「聴く」ことを積み重ねていきます。

人と人は、1ミリのズレもなく共感することはできません。なぜなら、人は徹底的にひとりだからです。

人はひとりで生まれてきて、ひとりで死んでいきます。家族や恋人、友達がいても、徹底的にひとり。誰かと一心同体になることはあり得ません。

夫を亡くした人が、「自分はひとりぼっちになってしまった。これからどう生きていったらいいんだろう」と嘆くことがあります。

でもそれは、ひとりになったのではなく、「ひとりに戻った」だけ。ふたり一緒だったところから、ひとり欠けたのではありません。もともと徹底的にひとりであるところに、これまでは一緒に暮らすもうひとりが足されていた、とてもラッキーな状態だった。それがもとに戻ったというだけなのです。

相手の隣にいることはできても、一体になることは絶対にできません。身体だけでなく、心もそうです。話を聴いて、相手の気持ちのきわめて近くまでいくことはできるかもしれない。でも「わかる」ことはできません。

それを土台として自分の中に持っていないと、相手のことを「わかってあげられない」自分を攻撃することになります。

子どもを自死で亡くした人は、「なんでわかってあげられなかったのだろう」と、自責の念に苦しみます。でも「わかってあげられない」のが普通なのです。

人のことはわからない。人と人は、1ミリのズレもなく共感することはできない。だから自分のことも、相手のことも、責める必要はないのです。

人の気持ちが
わかると思ったら、
そこで終わり。

相手の気持ちはわからない。
それを土台に「聴く」ことを積み重ねていく。

6 うまくいってもいいかなくてもいい

相手の話を「うまく聴けなかった」と落ち込んでしまうとしたら、それは、あなたの中で「うまく聴ける」ことが、無意識のうちに基準になっているからです。

うまくいくこと、成功することが基準。だから「うまくいかなかった」と反省したり、落ち込んだりするのです。

これまでお話ししてきたように、人の気持ちはわかるわけがないのですから、人の話を聴くことは「うまくいかない」が基準です。

相手の話がよくわからなかったとしても、相手に満足してもらえなかったと感じたとしても、それで当たり前。そこには反省も落ち込みも、出てきようがありません。

聴くことに限らず、私たちは知らず知らずのうちに、「うまくいく」ことを基準にしていることが多いように思います。

たとえば「もう35歳なのに、まだ課長にもなれていないんです」と、落ち込んで相談してくる人がいます。それは「35歳なら課長になっている」のが、その人の基準だということですよね。

他人や世間の評価のような、不確かなものを指針に、自分の基準をやたらに高く設定して、それがクリアできないと落ち込んでふてくされる、という構図になっていることがよくあります。

「うまくいかない」ことを基準に、そこへ積み上げることでいいのではと思います。基準が低ければ、何をしようと、すべてそこへ積み上げたことになる。落ち込んだり反省したり、ふてくされたりする必要がなくなります。

人の話を聴くときも、相手自身の基準がどこにあるのかを、確認するように聴きます。

「この年齢になっても課長になれていない」と言う人に対しては、「その年齢で課長になるというのが、あなたの人生設計だったんですか?」「いま課長になっているのと、これから課長になるのとでは、何が変わるんですか?」というふうに、外から影響されて底上げされたものではない、その人自身の基準に、本人が気づくように聴いていきます。

私は基本的に、「人生、成るように成る」という軸で人の話を聴いていています。でも「努力すれば、必ずうまくいく」という軸で聴く人もいます。

それでいいのです。話をする側も、勇気づけてほしいときと、気分をラクにしてほしいときがあるはずです。

相手に合わせて、聴くほうの軸も変わっていい。でもその軸が、話を聴いている途中でぶれることはないようにしたいですね。「人生、成るように成るものだよ」という姿勢で聴いていた人が、途中から「そもそも、根性が足りないんじゃない？」なんて言い出したら、相手も面食らってしまいますから。

うまくいってもいいし、いかなくてもいい。道のどちら側に振れてもいいけれど、両端に行き過ぎると道から落ちてしまいます。

両極端の考えに陥らないよう、ゆらゆら揺れながらも、道の真ん中を歩く。仏教の教えにある、「中道《ちゅうどう》」のバランスでいられると、すごくラクです。

「成るように成る」を基準にすれば、落ち込む必要もない。

自分の基準を無意識に高く設定して、クリアできないと苦しむのは不毛なこと。

7 誰もが自分だけの仮想現実に住んでいる

私たちは、それぞれが自分のつくりあげた仮想現実の中で暮らしています。

あなたがいる世界は、あなた自身がつくっている世界です。

たとえば、あなたが知らないものは、あなたが住む「この世の中」には存在していません。

地球上のどこかに「ポチ」という国があったとしましょう。私たちは、その国があることを知らないので、それが存在する可能性さえ考えません。つまり私たちは、この地球上にポチという国が存在しない世界に住んでいます。

ところがある日、あなたが「ポチから来た」という人と遭遇し、その国の存在を知ったとします。そのとき、あなたの世界は、ポチという国が「ある」世界に変わります。でも、当然ながらポチから来たその人は、もともとその国が「ある」世界に住んでいたわけです。

そんなふうに、私たちは情報や知識を得ることで、自分が住んでいる仮想現実を拡張したり、調整したりして生きています。他人と情報を共有し、他人の仮想現実と、自分の仮想現実のすり合わせをしています。

情報を共有するためには、五感が必要です。ポチという国があることをあなたが知ったのは、ポチから来た人の姿を目で見て、その話を耳で聞いたからです。もし五感に何らかの相違があって、ポチという国の存在を認識できない人がいたとしたら、その人はずっと、ポチという国がない世界に生き続けることになります。

大多数の人は、精度のきわめて近い五感を持っています。それを使って、互いの仮想現実のすり合わせをしているに過ぎないのです。

目の前にいる相手と自分では、見えている世界が違います。ですから話を聴くとき、自分がどう見えているか、感じているかを相手にぶつけても意味がありません。

それに意味があるとすれば、情報の共有という点においてだけです。でも、情報を共有することによって、相手自身が自分のつくっている世界を変えなければ、何も変わりません。

自分の世界が正しいと思うことは危険です。

相手の話を聴いて「そうじゃないよ」「あなたは間違っているよ」と言うのは、自分の世界のルールを押しつけているに過ぎません。あくまでも相手の世界の話を聴くという意識が大切です。

目の前にいる相手と自分では、見えている世界が違う。

私たちは五感を使って情報を共有し、互いの仮想現実のすり合わせをしているに過ぎない。

8 相手の世界にお邪魔する

人それぞれ、いる世界が違います。同じ世界にいると思えているのは、ほとんどの人の五感が同じように機能しているからです。

たとえば、誰かと部屋で話しているとき。電気がついていて、空調がきいていて、きちんと片づけられた部屋です。あなたはいま、自分と相手が一緒に、明るくて快適で清潔な、同じ部屋にいると思っています。

でも、もしその相手が、あなたとは違う五感を持っていたとしたら、その人は自分が「暗くて寒くて怖い部屋にいる」と感じているかもしれません。

その認識は、その人の世界では正しいのです。その人にいくら「この部屋は暗くないよ、怖くないよ」と言っても、本人の不安は解消されません。そう言えば言うほど、相手にとってあなたは「こんなに暗くて怖いのに、全然わかってくれない人」、つまり「敵」になってしまいます。

相手の話を聴こうと思ったら、こちらが相手の世界に行く必要があります。「そっちの部屋」に行って、「そうですか、暗いですよね」「どうしたら怖くなくなりそうですか」という聴き方をします。

でもたいていの場合、私たちは自分の世界に相手を引き込もうとします。

職場で「営業先のA社とうまくいかないんです」と悩んでいる人がいたら、その人は「A社とうまくいかない」世界にいます。

一方で、あなたがA社の人と親しく、うまくいっているとしたら、あなたはそういう世界に住んでいるのです。

そこで、「A社の人はみんないい人だよ」「あなたの接し方に問題があるんじゃない?」などと、あなた自身の世界に立って話をしても、相手は違う世界にいるので、かみあいません。

A社の何がどう苦手と感じているのか、まず相手の世界の話を聴く。そこから一緒に考えていく、というステップが必要です。

相手の話を聴くときは、相手が見て、感じて、つくっている世界に入って行って、話を聴く。そうしないと「話が通じない」ことになります。

認知症の人が、そこにないものが見えて不安になっているとき。たとえば、「ベッドの上に虫がいっぱいいいて寝られない」と言ったら、こちらも「虫がいる世界」にお邪魔します。

そして、「どのへんにいる?」「じゃあ取るね」などと言いながら、一緒にベッドの上を払ってみたりする。そうしているうちに、本人は虫がまだ見えていたとしても、落ち着いてくるケースがよくあります。

「虫なんかいないでしょ」と否定された時点で、その人はひとりぼっちになってしまいます。

でも、こちらが同じ世界の住人だと感じてもらえれば、それが安心材料になり、落ち着きやすくなるのです。

自分の世界に
引き込むのではなく、
こちらが相手の世界に行く。

相手が見て、感じて、つくっている世界に
こちらが入っていくことで、初めて話が通じる。

第2章

相手の気持ちを真ん中に置く

9 相手が求める立場で聴く

同じ話を聴くのでも、それを自分がどの立場で聴くのかによって、聴き方や反応は変わります。

たとえば、若い女性が恋人と旅行に行くという話。その女性が自分の娘で、親の立場で聴くとすれば、「ちょっと、相手はちゃんとした人なの？」などと、心配してあれこれ言いたくなったりします。

でも、単なる職場の知り合いという立場で聴くのなら、「あら、楽しそう、行ってらっしゃい」という反応になるのではないでしょうか。

親、子、上司、部下、先輩、後輩、友人、恋人、あるいは赤の他人。相手の話を聴くときは、自分がどの立場で聴くのかを意識する必要があります。

そこで意識すべきなのは、自分が話したい立場ではなく、相手が求める立場です。

相手が何を求めて話してきているのか。自分にどんな立場で聴いてほしいと思っているのか。親としてなのか、人生の先輩としてなのか。上司としてなのか、個人としてなのか。そこを見極めて、どの立場で聴くのかを考えます。

私たちは、同時にいくつもの立場や役割を持っています。いわば複数のエンジンを持ち、それを日常の中でその都度、使い分けています。いまはどのエンジンを使って聴いたらいいのかを意識すると、うまく話が聴けると思います。

「今日はどういう立場で聴けばいいの？」と、相手に尋ねてみてもいいと思います。「友達として聴く？　それとも経験者として聴けばいい？」といった整理を、最初にしておいてもいいかもしれません。

私はもっぱらスピリチュアル・ケアを行う立場で、それを必要としている人に会い、話を聴いています。この本でお伝えしているのも、そうした場面で私が大切にしている聴き方です。

過去のことをどう整理するかがカウンセリング、未来をどう構築するかがコーチングの領分であるのに対し、スピリチュアル・ケアは過去も未来も、さらに言えば前世も来世も守備範囲です。

自分が生きるということ、人が死ぬということに関わるような、人間の根源的な苦しさや悩みに携わるのが、スピリチュアル・ケアです。

仕事がうまくいかないといった、表面に現れている悩みのほとんどは、そうした根源的な悩みの上に乗っているもの。スピリチュアル・ケアでそこを変えることができれば、必然的に表面の問題も変わるというのが、私の感覚です。

とはいえ、仕事の場面では、スピリチュアル・ケアのようなアプローチというより、コーチングのように、具体的な問題解決につながる聴き方が求められる場合もあります。そこはどの立場で聴くのか、どのエンジンを使うのかを意識して、臨機応変なスイッチングが必要だと思います。

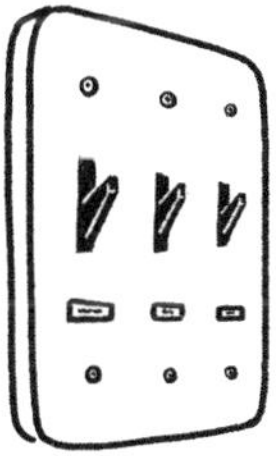

相手は自分に何を求め、
どんな立場で
聴いてほしいのか。

親、上司、先輩、友人……。
どのエンジンを使って話を聴けばいいのかを意識する。

10 「対機説法」のスタンス

お釈迦《しやか》さまは、教えを説く相手の資質などに応じて説法していました。そのことを仏教では「対機説法」といいます。

お経は、お釈迦さまがいろいろな人に対機説法で話したことを、弟子が書き留めたものです。そのため、ある箇所と別の箇所では、言っていることが変わっていたりします。

僧侶も対機説法をします。たとえば、「死にたい」と言う人に対しては、「自死をしたら地獄に落ちてえらい目に遭いますよ」と話して、思いとどまるほうがいいことを示す。一方で、身内が自死をした遺族に対しては、「いま、ご本人はやっと安心して天国にいますよ」と話して、大切な人を亡くした悲しみに寄り添うといったような具合いです。

「言うことに一貫性がない」のは、一般的にはよくないこととされます。「言うことがころころ変わる人」は、往々にして非難されます。

でも、話を聴くときは、相手の状態や思いに合わせて、こちらの言うことは変わっていい。それが対機説法の考え方です。

たとえば、ずっと自宅で親の介護をしていたのに、最期の瞬間だけそばに居合わせず、看取《みと》れなかったことを悔やんでいる人には、「息を引き取る瞬間に立ち会えるかどうかは問題じゃない。それまでずっと一緒にいられたことで、十分なお見送りができていますよ」と言います。

反対に、ずっと親と離れて暮らしていて、最期だけは駆けつけて間に合った。でも、それまで一緒に居られなかったことに罪悪感が残っている、という人には、「息を引き取るその一瞬に立ち会えたことで、それまでのことは全部チャラですよ」と、逆のことを言います。

相手がどんなふうに物語をつくればラクになるのか。それに応じて、私たちの聴き方も、言葉のかけ方も変わってくるのです。

自分自身の中に一貫した考えがあるのは、もちろん悪いことではありません。でも、話を聴くときにそこにとらわれてしまうと、その考えに合わないことは否定したり、間違っているとジャッジしたりしてしまうことになります。

対機説法のスタンスで、一貫した考え方のフレームにとらわれない聴き方をするようにしてみてください。

相手に合わせて、言うことがころころ変わっていい。

どんな物語をつくれば相手がラクになるのか。
それに応じて聴き方も変わる。

11 相手の欲しいものをあげる

たとえば、友人への誕生日プレゼントを選ぶとき。相手のためのプレゼントを選んでいるのに、知らず知らずのうちに、自分が欲しいもの、自分があげて気持ちのいいものを選んでいることはありませんか。

プレゼントは本来、相手が欲しいものをあげなければ意味がありません。誕生日に「チェーン店の牛丼が食べたい」と言う相手に、「せっかく誕生日なんだから」と、銀座の高級寿司をごちそうしようとするのは、自分がそうしたいからですよね。相手本人にとっては、牛丼がその日の最高のディナーであるはず。

言葉も同じです。「人生、頑張ればうまくいくよ」など、相手のためによかれと思って、自分の言いたいことを言いたくなる。でも、相手がそれを聴きたいかどうかはわかりません。

相手の欲しい言葉を返す。そのためには、相手は何が欲しいのか、何を必要としているのかということに、耳を澄ませながら話を聴くことが大切です。

うつ病の人に「頑張れ」と言ってはいけない、というのは、いまではなかば常識のようになっています。でも私は、うつ病や依存症の治療で名高い精神科医の先生が、うつ病の人の肩をバンバンたたきながら、「頑張れ」と言っているのを目にしたことがあります。

もちろんその先生は、誰にでもそう言っているわけではありません。相手の話をよく聴き、相手がいま一番欲しいものは何かを見極めたうえで、その言葉をかけている。だから的確で、効果があるのだと思います。

子どもが「学校に行きたくない」というとき、どんな言葉をかけますか？　子育てのハウツー本を開くと、「休ませてあげたほうがいい」と書いてあるものもあれば、「頑張って行かせたほうがいい」というものもあります。

子ども本人が本当に言って欲しいことは何なのか。そこに向き合わず、ハウツー本の通りに「休んでいいよ」とか、「頑張って行きなさい」と言っても、うまくいきません。

抗がん剤治療をしていた女性の話です。彼女は主治医に励まされ、つらい治療を続けていましたが、内心、効果が出ているようには感じられず、治療を続けることに迷いがあったと言います。

あるとき、たまたま休みだった主治医の代わりに、診察に現れた別の医師から、「これ以上、抗がん剤治療をやっても、治すのは無理ですよ」と告げられたそうです。

頑張って治療している患者に、そんなことを言うのは酷だと、普通は思いますよね。でもその女性は、そう言われて「すごく救われた」そうです。

おそらくその医師は、容態を踏まえたうえで彼女の話を聴き、彼女がその言葉を欲していることを汲んだのでしょう。彼女はその言葉で、「免罪符をもらったような」すっきりとした気持ちになり、積極的な治療をやめて、緩和ケアに切り替える決心がついたと話していました。

相手が望むことに合わせて言葉を返すのなら、相手が「死にたい」と言っていたらどうするのか。そう尋ねられることがあります。

私は基本的に、「死んじゃだめだよ」「生きていてナンボだよ」ということは言いません。

最終的に本人が自死を選ぶのであれば、それがその人の人生であり、他人が左右することはできない、という考えです。

死にたいと思うほどの問題を抱えた人に、「死んじゃだめだよ」と言うだけで、そのあとの責任が持てないのなら、その人は重い問題を抱えたまま、またひとりで放り出されることになります。

相手の問題を背負う責任が持てない以上、「死んじゃだめ」とは言えない。私はそう思っています。

仏教では、自死をすると、自死に至るような業《ごう》を背負ったまま、すぐ生まれ変わることになるため、自死はよくないとする考え方があります。

ただ、初期仏教では、自死を否定も肯定もしていません。日本では江戸時代以降、自死の多発で労働力が減ることを防ぎたい政治の思惑とからみ、仏教界が「自死すると地獄に落ちる」と説くようになったと言われています。

僧侶が自死遺族の心のケアに関わるようになった現代では、自死の場合でも、死後は平穏であると説く方向に変わってきています。

自分が言いたい言葉ではなく、相手の欲しい言葉を返す。

相手の話に耳を澄ませて、何が欲しいのか、何を必要としているのかを見極める。

12 「昔は」「私のときは」は封印

自分の経験を、相手に押しつけないことも重要です。

私たちにとって、自分が実際に経験したことほど確かなことはありません。経験値は絶対的な財産ですが、きわめて個人的なものでもあります。

あなたがあるお茶を飲んで、おいしいと思ったとします。その時点であなたの中に、「このお茶はおいしい」という、経験値のフレームができあがります。

その後、話をしている相手が、そのお茶のことを「おいしくないよね」と言ったら、否定したい気持ちや、相手の味覚を疑う気持ちさえ出てきて、相手の話がうまく聴けなくなってしまうでしょう。

それは、自分の経験値という狭いフレームから、相手の話を聴いているということです。

あるとき、「再就職したい」と私に相談してきた女性がいました。話を聴いていると、彼女が乳がんで、しかもステージ4だということがわかりました。

その途端に、看護師である私の経験値のフレームが、ガチッと固まってしまいました。乳がんのステージ4といえば、一般的にはもう手術も難しい段階。「就職どころの状況ではない」と、気持ちがざわわして、そこからまったく話が聴けなくなってしまったのです。

ステージ4でも、そこから長く生きる人もいます。自分の経験値のフレームに引っ張られ、相手自身を見ることができなくなっていた、という失敗談です。

自分の経験値から、「昔はこうだった」「私のときはこうだった」「前の職場ではこうだった」というのは、求められていないのに勝手に始める、無用な自己紹介です。

相手の相談に対して、「どうしたらいいか」をアドバイスしようとすると、これが出てしまいます。それよりも、相手の気持ちを真ん中に置いて話を聴く。相手が「困っている」なら、「困っているんだね」「どういうふうにしたいと思っているの」と、相手の気持ちにアクセスするイメージで話を聴きます。

例外的に、自分の経験値を封印しないほうがいいときがあります。同じ経験をした人同士が支え合う、「ピアサポート」と呼ばれる場面です。

たとえば、相手がこれから乳がんの手術を控えていて、「手術はどんな感じなんだろう」と不安になっているとき。自分も同じ手術を経験しているのなら、その経験値は大きな強みになります。

同じ経験があることによって、それを持たない人にはなし得ない、強力なサポートが可能になります。

自分が受験した大学を志望している受験生と話すとき。親を看取った人が、これから親を看取ることになる人と話すとき。ハワイに行ったことがある人が、初めてハワイに旅行する人と話すとき。こういう場面では、経験値という強みを活かして、それを伝えたほうがいいと思います。

ただし、このときも「私の場合はこうだったけど、あなたは同じようになるとは限らないから、参考までに聴いてね」という枕詞《まくらことば》をつけることが大事です。

「私がハワイに行ったときは、涼しい日もあったわよ」と言うのはＯＫ。でも、行く時期によって気候が同じとは限らないのに、「ハワイは意外と涼しいから、厚手の服を持って行かなきゃだめよ」とまで言うのはやり過ぎです。

経験を伝えながら聴くほうがいい場面でも、経験は押しつけない。そこは意識しておきたいものです。

「私の経験」を語るのは、求められていない自己紹介。

自分の経験値が役立つ場面でも、
それを相手に押しつけない。

13 「自分だったら」は横に置く

相手の話を、自分の身に置き換えて考える。それが「いい話の聴き方」だと、私たちは思いがちです。

これは教育による弊害です。私たちは子どものときから、ことあるごとに「自分だったらどう思うかを考えなさい」と言われてきています。

でも、そもそも自分と相手は、住んでいる世界が違います。相手のことについて、「自分だったらどうするか」を考えることは、自分自身の今後のために活かすことはできても、相手にとってはまったく役に立ちません。

ある小学校の先生から、こんな話を聴きました。

友達を殴った児童に、「自分が殴られたらどう思うか、殴られた子の気持ちになって考えてみなさい」と注意しました。すると、その子は平然とした様子でこう言ったそうです。

「え？　僕はいつもパパから殴られているよ」

その子は、親から日常的に暴力を振るわれていた。殴られることは当たり前という世界にいたのです。だから、「自分が殴られたらどう思うか」と考えても、当たり前のことをされただけとしか思わなかったんですね。

「自分だったらどうか」と考えるのは、自分の世界のルールで考えるということ。それを相手に適用しようとしても意味がないのです。

さきほどの例で言えば、その子が考えなければいけなかったのは、「自分だったらどうか」ではなく、「相手にとって、それはどうなのか」ということだったはずです。

相手の悩みに対して、「私だったらこうする」と言うのは、頭をぶつけて痛がっている人に対して、ヘルメットをかぶっている人が「そんなに痛がるなんて、おかしいんじゃない？　私だったら、サッサと立ち上がるけど」と言うようなもの。ただうっとうしいだけです。

自分自身の今後のためには、「自分だったら」と考えて、おおいに参考にしてかまいません。でも、相手の話を聴くときは、「自分だったら」という考え方は、ちょっと横に置いておきましょう。

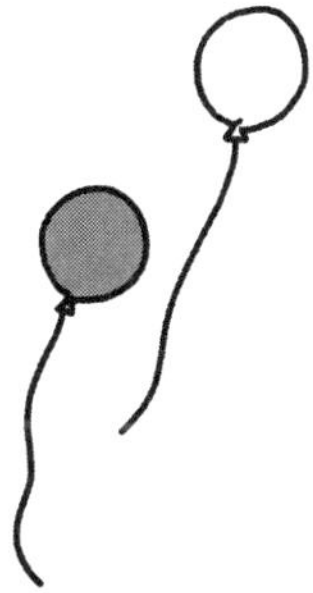

「自分だったらどうか」と考えても、相手の役には立たない。

相手の悩みに、自分の世界のルールで考えたことを適用しようとしても意味がない。

14
ときには「森を見ず木を見る」

「木を見て森を見ず」とは、細かいところに気を取られて、ものごとの全体を見通さないことをいましめる言葉です。

でも、話を聴くときには、むしろ森よりも木を見たほうがいいこともあります。相手のちょっとした言葉尻に、実はぎっしりと思いが詰まっていることがあるのです。

たとえば、全体的には「ポジティブに頑張っている」話をしているのに、「頑張りたいと思っているんですけどね」など、自信のなさがにじむ語尾のひとかけらがついていたりする。反対に、「落ち込んでいる」と話していても、言葉尻に希望のニュアンスを含んだワードが顔を出すこともあります。

そのちょっとした言葉、1本の木を、見逃さずにつついていきます。

「いまの『ですけどね』のあとには、何が続くんですか？」というふうに聴いていく。すると、そこを突破口に、話の大局からは見えなかったものが現れてくることがあります。

私が看護師として、高齢で要介護の入院患者の退院調整をしたときのことです。退院後の受け入れ先となる施設が見つからず、退院がなかなか決まらない。結局、本人にとっては義理の娘にあたる女性が、退院後は在宅で介護することになりました。

「大丈夫です。大変になったらショートステイを利用したりして、ちゃんと自分も休みながら介護しますから」

彼女はしきりにそう言いながら、「あとは気持ちの問題ですよね」と、ちらりと言っていました。

思えばそれは不安の合図だったのですが、無事退院の見通しが立ったことに安心していた私たちは、その言葉を聞き流していました。

結果的に、退院後1カ月もたたずに在宅介護は破綻し、患者本人は病院へ逆戻り。介護を担った女性は、義母である本人との関係がもともと良好ではなく、すぐに精神的に限界を迎えてしまったのです。

退院を決めたときは、「誰も私の気持ちを聴いてくれなかった」。再入院のとき、彼女がそう言っていたのが忘れられません。

話の全体像、つまり「森」は、退院後は在宅介護という方向で、なんの問題もないように見えていた。そこで彼女自身の気持ちの小さい「木」は、見過ごされていたのです。

枯れかかった1本の木が原因で、森全体が枯れてしまうこともあります。

大局を見るのも大切ですが、話を聴くときには、1本の小さい木、その葉っぱ1枚にこだわってもいいのではないかと感じています。

ちょっとした言葉尻に、思いが詰まっていることがある。

話の大局に隠れた、相手の気持ちの小さなサインを見逃さずにキャッチする。

15 本人が選んだことには徹底的に賛同してみる

「いまの職場を辞めて転職するか、このままここで頑張るか、迷っているんだけど、どうしたらいいと思う？」

このような相談を受けたとき、どちらがいいと答えても、その結果に責任は取れません。また、取るつもりもないでしょう。

だとすれば、本人がどうしたいのかを聴き、そのうえで本人が選んだことに徹底的に賛同するほうがいい。私はそう思います。

人は、自分で決めたことしか落とし前をつけられません。言い換えれば、自分自身が決めたことなら、たとえそれが失敗したとしても、自分で後始末をする覚悟ができます。

たとえば病気の治療で、効果が疑わしい民間療法を試したいと言う人の話を聴いたとき。さきほどの考えで行けば、本人が選んだことなので、「試してみたら」と賛同するということになります。

でもその民間療法が、高額な費用がかかるうえに、どう見てもあやしそうなものだったら、賛同するのも無責任という気がしてしまいますよね。

そこでこちらができるのは、情報を渡すことです。その人は、どこかでその民間療法が効くという情報を得ているから、それを試したいと思っているわけです。一方でこちらは、その民間療法についての否定的な情報を持っている。それを渡します。

これで、本人はプラスの情報とマイナスの情報の両方を手にしている、フラットな状態になりました。両方を検討した結果、やはり試すと言うのであれば、それに賛同します。

こちらができるのは、情報を渡すことまで。そのときに、「こんな情報があるよ」とは言っても、「だからやめたほうがいいよ」とは言いません。あくまでも判断は本人に委《ゆだ》ねます。

こちらが「やめたほうがいい」と言って、相手がそれを試さず、結果的にその後、病気が悪化したとしたら。相手は「あのとき、あの民間療法を試しておけば、こんなことにはならなかったかもしれない」「あの人にやめろと言われて、試すのをやめてしまったけど、それは間違いだったんじゃないか」と思うことでしょう。

ここで誤解してほしくないのは、「あの人のせいで」と自分が責められないようにするために、つまり自分の保身のために、「相手のしたいようにさせたほうがいい」という次元の話ではないということです。

民間療法を試しても、試さなくても、病気が悪化していた可能性はある。でも、それを「自分で選んだ」という認識がない限り、病気が悪化したという事実を、その人はいつまでたっても受け入れることができません。

「他人のせいで」「他人が決めたことに従ったせいで」こうなってしまった、というつらい思いを、延々と持ち続けることになる。それは、とてつもない苦しみです。

でも、自分で決めたことなら、意にそぐわない結果であっても「自分で決めたんだからしょうがない」と、いずれ受け入れられる道がある。相手自身が選んだことに賛同するのは、その道を相手に残しておいてあげるためなのです。

自分が選んだことなら、どんな結果になっても受け入れられる。

「他人のせいでこうなった」と本人が苦しまずに済むように、相手が選んだことに賛同する。

16 誰のために聴いているのか

「ちょっと、勉強はどうなっているの？　将来のことはどう考えているの？」

「あなたのことが心配だから、聴かせてほしいんだけど」

こんなふうに子どもに詰め寄ることはありませんか。

私たちは、表向きは「あなたのため」と言いながら、実は自分が安心したいがために、相手の話を聴いていることがあります。

その場合、いくら話をしても、よかったと思うのは自分だけ。相手は非常にストレスフルかもしれないし、モヤモヤしているかもしれません。

やはり、話を聴くときは、「相手のために聴く」という意識が必要です。相手のために聴くのであれば、話を聴こうとして、相手が「今日は話したくないんだけど」と言えば、それで終わりのはず。なおも食い下がるとしたら、それは相手から聴いたことを材料に、自分が何かをしたいから。つまり、自分のためなんですよね。

国が推進している「人生会議（アドバンス・ケア・プランニング）」は、終末期にどんな医療やケアを受けたいかについて、あらかじめ家族や医療者などと話し合っておく、というものです。

これは、本人のためと言いながら、実は家族や医療者のためという側面が大きいと思います。終末期に本人の意思確認ができなくなったとき、たとえば延命治療をするのかしないのか、その判断がつかないと家族も医療者も困る。だから本人に聴いておきたい、ということです。

「あなたのために」というニュアンスでありながら、実情は必ずしもそうではない。人生会議が現状でいまひとつ浸透していないのは、そこにも原因があるような気がします。

人の気持ちは変わるものです。元気なうちは「延命治療なんていらない」と言っている人も、身体が弱ってくると、「これだけはやってほしい」という思いが出てきたりします。

本当に本人のためであるなら、人生会議は何回もやらなければいけないものです。それこそ週に1回くらいの頻度で、気持ちが変わっていないか確認する必要がある。「1回やって決めておけばいい」というものではないのです。

1回聴いて、「この人がいよいよのときはこうすればいい」と決めて、さあ安心。それが成立するのは、聴く側のために聴いているからです。

相手のために聴くなら、聴き方はおのずと変わるはず。自分のために聴いているとしたら、相手にとっては脅威にほかなりません。

誰のために聴いているのか。それを意識しておくようにしたいですね。

「あなたのため」と言いながら、自分のために話を聴いていないか。

自分が安心したいためではなく、相手のために聴くなら、聴き方はおのずと変わるはず。

第3章
ただ聴くということ

17
比べない、ジャッジしない

自分と他人を比べることは、人間の煩悩《ぼんのう》のひとつである「慢《まん》」。仏教でそう説かれているように、人が「比べる」のは御《ぎょ》しがたいものです。

たとえば、子どもから成績が上がらないことを相談されて、「○○君は、部活も家の手伝いもしているのに、あんなに勉強ができるじゃない。何もしてないあなたができないわけないでしょう」などと、つい言ってしまう。

ほかの誰かや何かと無意識に比べながら、相手の話を聴いてしまうことがよくあります。でも、それは相手のほうを見ていないということ。耳が「あさって」の方向を向いているようなもので、それでは相手の話はうまく聴けません。

私も医療の現場で、たとえば「膵臓《すいぞう》がんが見つかって3年目なんです」という人の話を聴くと、一般的に生存率が低いとされる膵臓がんで、それだけ長く生きられているのは幸せなのでは、という思いが浮かんだりします。

でも、その人にとっては、ほかの膵臓がんの患者が、どれだけの期間で亡くなっていようが、関係ありませんよね。私がその人の話を聴くときに向き合うべきなのは、本人が膵臓がんになって3年目という事実であり、いま病気で苦しんでいるということです。

親が105歳で亡くなったという人に対して、「大往生でしたね」「平均寿命よりずっと長い人生で幸せでしたね」などと声をかけてしまう。この場合も、本人や家族はもっと長く生きたかった、生きてほしかったかもしれません。

そんなふうに、ほかと比較して判断することも含めて、「ジャッジしながら聴く」ということが、私たちにとっては習性になっています。

生活上、さまざまな情報をジャッジして取捨選択する必要があるからです。

でも、人の話を聴くときは、この「ジャッジぐせ」がとても邪魔になります。

私たちは相手の見た目や職業、言葉づかいなどから、相手のことを「こういう人」だと、ことごとくジャッジしながら話を聴いているものです。

病気の相談を受けるときに、相手が会社の経営者と聞くと、「冷静沈着でどっしり構えた人だろう」と、私もジャッジしていることがあります。それで相手が病気にうろたえている様子を見せると、勝手に違和感を覚え、「社長さんでもやっぱり……」と、さらなるジャッジをしてしまう。

あるいは、目の前に座った相手がいかにも強面《こわもて》だと、この方ならきっと大丈夫と思ってしまったりする。ジャッジをせずに聴くというのは、とても難しいことです。

夫が「今日は帰りが遅くなる」と言ったとき、妻が瞬時に「また飲み歩いてくるんだわ」とジャッジして、「わかったわ」と不機嫌そうに返事する。本当は重要な会議があるから遅くなるのに、夫は妻の態度にうんざりして説明する気をなくす。そして空気がどんどん険悪になっていく。

この場合、結果的に悪い方向に行ってしまったのは、最初に妻がジャッジをしたからですよね。「遅くなる」と言われたとき、普通に理由を聴いていれば「会議なのね、頑張って」と、なごやかに会話が進んだはずです。

極力、比較やジャッジをしないで聴く。少なくとも、自分がそれをしながら聴いているということを、自覚しておくことが重要です。自分でわかっていれば、それをカバーする対応が取れるので、その時点でほぼ解決です。

比べながら、ジャッジしながら聴いていることを自覚する。

比較やジャッジをするのは人間の習性。
できるだけそれをせずに聴くことを意識する。

18 必要に応じて聞き流す

人の話を聴くときは、相手にしっかりと向き合い、真剣に話を聴くべき。そう思っている人も多いと思います。

でも、相手に真正面から向き合うと、相手の行く手を妨害してしまう場合もあります。

父親をとても熱心に介護している女性がいました。今後の父親のケアについて、医療や介護の関係者もまじえて話し合っていたときのことです。

父親が「そうだな、不自由があるのはいやだなあ」などと、ちょっとでも言いかけると、「え、お父さん、不自由があるの？　私、不自由なんてさせてないと思っていたけど、何かあるの、だったら言って、言って！」と、娘であるその女性が食いつくように聴こうとします。

自分が何かひとこと言えば、娘がすごい勢いでそれに応えようとするので、父親はだんだん無言になっていきました。

父親本人の意向を聴いて、これからのプランを立てようという場だったのに、まるで父親の前に娘という大きな石が、ドーンと立ち塞《ふさ》がっているような状態で、話がまったく進みませんでした。

向き合って真剣に聴くことだけが、必ずしもいいとは限りません。ときには、相手の横に寝転んで、空に流れる雲でも見ながら、「そうだね、そういうこともあるよね〜」と聞き流す。それくらいのイメージで聴くほうが、相手も自分も息苦しくなく、ものごとがスムーズに運ぶこともあるという気がします。

人の話を「聞き流す」というと、あまりよくないイメージがありますが、「10の話のうち、７は聞き流していい」というのが私の実感です。

だいたいは河原に寝そべるようにして「うんうん」と聴いている。でも３割くらいの「ここは」というポイントでは、居ずまいを正して真剣に聴く。そこを過ぎたらまた雲を見上げて「ふーん」。そんな緩急があってもいいような気がします。

また、相手の話に、心の底から頷《うなず》かなくてもいいと、私は思っています。「世の中って、ひどいことばかりですよね」などと相手が話すのを聴いて、「それはどうかなあ」と思っても、私は頷くことがあります。

内心、同意していないのに頷くなんて、不誠実だと思うかもしれませんが、大事なのは、相手がいま何を思い、感じているかを話すこと。それをなるべく

邪魔しないように聴くことです。自分の価値観を相手に投げかけて、互いの価値観を調整するための場ではありません。

もちろん、「どう思う？」と相手から尋ねられたら、自分の意見を伝えてもいいでしょう。でも、相手が話すことにいちいち反論したり、首を振るなど否定的なリアクションをしたりすると、相手の話をそこで止めてしまうことになります。

真剣に向き合おうとするあまり、相手の行く手を遮《さえぎ》ることがないようにしたいものです。

10の話のうち、7は聞き流していい。

向き合って真剣に聴くより、横に寝転んで聴くイメージで聞き流すほうがいいときもある。

19 沈黙という「熟成タイム」を邪魔しない

私たちは沈黙が苦手です。友達グループでおしゃべりしていて、しーんとする間ができると、かなり気まずい。そんなときに、すかさず話題を提供して場を盛り上げてくれる人がいると、頼もしく感じます。

人の話を聴いているときも、相手が黙り込んでしまうと、「え、なにか失礼なことをしたかな」と動揺し、どうにか場をつながなければと焦って、沈黙を埋めるように話し始めてしまいがちです。

でも、話を聴く側は、「相手が黙ったら黙る」のが基本です。

なぜかといえば、相手が黙っているときは、相手の脳の中での「熟成タイム」だからです。

いままで話したことを熟成させている、あるいは過去を振り返り、その記憶を熟成させている。とにかく何らかのことをしているから黙っているのです。

こちらがしゃべってしまうと、その作業を邪魔することになります。ですから、相手が黙ったら、それも立派なおしゃべりのひとつだと思って、こちらも黙るのがベストです。

とは言うものの、黙っていなければと思うと、それはそれで緊張が高まり、相手を食い入るように見つめてしまったりします。すると、その緊張感が相手にも伝わり、逆に相手を焦らせることにもなりかねません。

黙っているときは、頭の中でほかのことを考えたりして、勝手な気分転換をします。

黙っている相手の前で、やおら本を読み始めるなど、あからさまに別の行動をおこすのはさすがにNG。でも、頭の中で歌を歌ったり、数を数えたり、山の風景を思い浮かべたりしても、全然OKですよね。

そんなふうに、聴く側がリラックスして、「いくらでも黙っていていいよ、ゆっくり考えていいよ」という雰囲気を出せたほうがいいのです。

そのときに、相手の顔をじっと見ることにならないように。自然界では、相手をじっと見るのは捕食するときです。相手にしてみればたまりません。

まず座る位置を相手の正面ではなく、斜め45度の位置にする。目線のやり場になるように、テーブルに花を置いておく。そんな工夫をして、ほどよく相手から視線をそらすことができるようにしておくといいですね。

黙っているときに、もうひとつ注意を払っておきたいこと。それは、相手がどんな言葉でこの沈黙を破ってくるのかということです。

「そうですよね」という言葉だったら、沈黙の間、いままで自分自身が話したことや、やってきたことを振り返って、それを肯定していたということ。「でもやっぱり」であれば、いままでの話の流れを、本人は腹に落とせていないんだなと見当がつきます。

加えて、私は黙っている間、相手の足先がどちらを向いているかを見ます。統計をとったわけではないのですが、足先がそっぽを向いているときは、あまり話に身が入っておらず、できれば早く終わりにしたいと思っている、というのが、私の経験から感じている傾向です。

肩に力が入っている、貧乏揺すりをしている、手をぎゅっと握っている。言葉以外の部分で相手が発している、そんなサインをちらちらと観察しつつ、でも脳内はリラックスさせて、相手が沈黙を破ってくるのを待ちます。

相手が黙ったら、こちらも黙る。

頭の中で勝手な気分転換をしながら、相手が考えを熟成させるのを待つ。

20 言おうと思ったことの８割は捨てる

通常の会話はキャッチボールです。相手が投げてくれれば、こちらも投げ返す。自分の頭の中に、話したいことが瞬時に、とめどなく湧いてきます。

そのうちの８割は言わずに捨てる。人の話を聴くときは、それくらいがちょうどいいと思ってください。

私にとって猫は「聴くこと」の師匠です。猫は、飼い主が話しかけると、時折、伸びをしたりしながら、絶妙な「聞き流し」で、その話を聴いています。

そんな猫に向かって、ひとしきりグチを言ったあと、飼い主は「ねー、私の気持ちをわかってくれるのは、タマちゃんだけだもんねー」なんて言いながら、タマちゃんをぎゅっと抱きしめたりします。

タマちゃんは、自分の気持ちをわかってくれている。そう感じるのは、タマちゃんが何も言わないからです。

人は黙っているものに対して、自分のいいように解釈する傾向があります。赤ちゃんがかわいいのは、赤ちゃんが何も言わないからです。こちらがおむつを換え、ミルクを飲ませている間、ただ黙っている。それを見てこちらは「あらー、うれしいのね」などと勝手に解釈して、ご機嫌で世話をします。

もし赤ちゃんが「うん、そのおむつの換え方、いまいちですよね」「このミルク、めっちゃ不味《まず》いんですけど」などと言おうものなら、相当萎《な》えますよね。同じ世話でも、高齢者の介護がきついのは、高齢者がしゃべるからです。猫だって、口をきいたら、やはり飼い主はうとましく感じることでしょう。

第1章でお話ししたように、人の気持ちはわからないものです。したがって、こちらが相手に言うことは、たいてい的外れになります。そのため、しゃべればしゃべるほどズレていきます。

言おうと思ったことの8割くらいは捨てるようにしていると、相手は「自分の話を聴いてくれている」「わかってくれている」と、いい方向に解釈してくれます。

何か言ったほうがいいのでは、と思うときもあるでしょう。たとえば「病気になったのは、自分の行いが悪いからですよね」と話す人に対しては、「そんなことはないですよ」と言ってあげたくなります。

そんなときでも、私は黙って聴くようにしています。すると相手も黙って、沈黙が生まれます。その間に本人が考えを進め、「やっぱりそうなんですよ」とか「でも、そんなこともないかな」といった言葉で、沈黙を破ってきます。

相手の考えが、否定と肯定のどちらの方向に進むかわからないうちに、こちらが否定したり肯定したりすると、本人の考えを邪魔してしまいます。

あまりにも黙っていると、相手は不安や不快を感じるかもしれません。実際、「ダルマじゃあるまいし」と言われたこともあります。

どう思うかと相手から尋ねられれば、私も自分の考えを伝えることはあります。そこは塩梅《あんばい》が必要だと思っています。

ただし、黙る意味もいろいろあります。夫婦げんかで分《ぶ》が悪くなった夫が黙るのは、自己防衛のためですよね。

自分のために黙るのではなく、あくまでも相手の邪魔をしないために黙る。そこは意識しておくといいと思います。

こちらが相手に言うことは、たいてい的外れ。

しゃべるほどズレていく。
黙っていれば、相手はそれを自分のいいように解釈してくれる。

21

超万能な「うん」をフル活用する

日本語の「うん」は、まさに超万能《ばんのう》。「うん」だけで話を聴くことが成立します。

相手が乗って話しているときは、こちらも勢いよく「うんうん」。

困っているときは、一緒に「うーん」。

悲しんでいるときは、ゆっくり頷くだけでいい。

「うん」の五段活用どころか十段活用で、話を聴ききることができます。

いろいろなトーンの「うん」を使いながら、相手の話を聴いていると、これまた相手がその「うん」を、自分のいいように変換して受け取ってくれます。
言葉で「頑張って」「応援してるよ」などと言うと、相手にはちょっと白々しく響いてしまうこともあります。「そう言うけど、じゃあ、どう応援してくれるの?」と聴きたくもなりそうですよね。それよりも、ただ「うんうん」と聴いているだけでいいときがあると思います。

ちなみに、私はさまざまな職場に出かけて講演をする機会がありますが、講演を聴く人たちの頷き方は、職種によって違いがあると感じています。

一番よく頷くのは、なんといっても看護師たち。普段から「患者さんの話をよく聴くように」と教育されているので、熱心に頷きながら人の話を聴くのが習性になっています。睡魔に襲われて半分白目をむきながらも、首だけはうんうんと動かしている人さえいます。私が何かひとこと言うたび、全員一斉に頷くさまは、さながら「赤べこ」の軍団のようです。

対して、まったく頷かない人たちといえば、私の経験では某業界の人たちです。こちらがどれだけ熱心に話しても、みんなちょっと首をかしげたりしながら、表情ひとつ動かさずに聴いています。

ところが、「ああ、場違いな話をしちゃったかな」と、私が反省しながら演壇を下りると、あれほどクールに聴いていた人たちがわらわらと寄ってきて、「いいお話をありがとうございます！」と言ってきたりします。ほっとすると同時に、「それなら、もうちょっと話を聴いている最中に頷いてくれても……」と思うことも。

そんなわけで、あまりにも頷かないと、話している相手は不安になるし、かといって、頷けばいいとばかりに赤べこになっても、相手には響きません。そのあたりにもちょっと気をつけながら、便利な「うん」を、上手に活用してみてください。

「うん」の十段活用で、話を聴ききることができる。

言葉で伝えるより、
ただ「うんうん」と頷くだけでいいときがある。

22 3回聴いてみる

たとえば、「サッカーボールが欲しい」と子どもが言ったとき。

「サッカーボールが欲しいの？」「本当に欲しいの？」「本当に、本当に欲しいの？」と、3回聴いてみます。

3回、続けざまに聴くのではなく、話の合間にトータルで3回聴く。それでも本人が欲しいと言うのであれば、買い与える判断をしてもいいと思います。

3回聴かれると、人は「本当にそうかな」と思い始めるものです。

「もう死んじゃいたいです」と言う人に対して、話を聴きながら「本当に死にたいですか」と3回聴くと、「いや、そんなこともないんですけど」と、トーンダウンしてくることがあります。

私たちは、衝動的に何かをしたくなったり、手に入れたくなったりすることがあります。それが本意かどうかを、本人自身が確認できるように、3回聴く。そのうえで相手がイエスと言えば、それが本人の意志と受け止めます。

これは、自分自身に対しても使えます。たとえば、夜中に突然、インスタントラーメンが食べたくなったとき。

「食べたい？」「本当に食べたい？」「本当に、本当に食べたい？」と、3回自問してみてください。

本当はたいしてお腹が空いていないのに、勢いで過食してしまうのを防止できるかもしれません。ぜひお試しを。

3回聴いてもイエスなら、本物の意志。

本当にそれがしたいのか、欲しいのか。
本人自身が確認できるように、3回聴く。

23 心地よい距離感で交流する

欧米では、挨拶で気軽に握手やハグをします。カウンセラーが、相手の手を握りながら話を聴くこともよくあります。

それに対して日本人は、他人に近づかれると不快に感じるパーソナルスペースが広く、いきなり密着されたり、触られたりすることが苦手です。

患者の手を握ったり、背中をさすったりする、看護の「タッチング」という技法がありますが、日本ではこれにビックリしてしまう人が少なくありません。親しい友達でも、話しているときにいきなりこちらに手を伸ばして、肩をたたいてきたりしたら、少しギョッとしてしまいますよね。

あるとき、病気でほぼ寝たきりの夫と暮らし、世話をしている女性の話を聴きに行きました。ふと見ると、彼女は手ぬぐいの端を握っています。もう一方の端を、ベッドの上のご主人が握っていました。

不思議に思って聴いてみると、ご主人はとても寂しがりで、つねに奥さんに手をつないでいてほしいと言う。でも、それではお互い、完全に束縛されてしまうし、居心地《いごこち》も良くない。そこで手をつなぐ代わりに、手ぬぐいの両端を持ち合うことにしたそうです。

ご主人が何か伝えたいことがあるとき、手ぬぐいをちょっと動かせば、奥さんはすぐに返事ができる。そんなふうに、手ぬぐいを間に置いてつながるという形で、とても塩梅よくコミュニケーションしていたのです。

手をつなぐとかハグするといった直接的なつながりではなく、何かを介してつながる。これが日本人の距離感なのかもしれないと、そのとき感じました。

身体的なことだけではなく、気持ちの面でもそうなのではと思います。「愛してる」などの直接的な言葉を使わなくても、互いの気持ちを理解し合う、「あうんの呼吸」のようなもの。そこに日本人の交流の機微があるような気がします。

人の話を聴くときも、なんでもつまびらかに言葉にして、明確にしていくことが、必ずしも功を奏するわけではない。ときには「うーん」と言うだけの、あいまいなやりとりでも、相手とそれなりにつながり、気持ちが落ち着いたり、安定が得られたりする。そんな交流のしかたがあると感じます。

はっきりものを言わないのは、海外の人からは批判の対象になることもあります。ビジネスの場面では特に、適切ではないでしょう。

でも、相手の気持ちを真ん中に置いて話を聴くときは、言葉ではなく空間全体で会話するような、日本人独自の交流のしかたが成立すると思っています。

それに関連して言うと、どこで話をするのか、場所も大事です。

家の居間で話すのか、公園の木陰に座って話すのか、それとも駅のホーム上で立ち話なのか。その場の持つ雰囲気やエネルギーも、聴くことに関わる重要な要素です。

会議で煮詰まったときなど、「ちょっと場を変えて話そう」という流れになることはよくありますよね。それは、場の持つエネルギーが会話に影響を及ぼすことを、私たちが知っているからです。

「あうんの呼吸」のような、
日本人独自の
交流のしかたがある。

直接的な言葉のやりとりではなく、
空間全体で会話するような交流のしかたがあっていい。

24 うまい言葉より心の底から出た言葉

言葉と思いには、それぞれ目に見えない「形」があると私は思っています。

たとえば、「ありがとう」という、丸い形を持つ言葉に、心からの「ありがとう」という丸い気持ちが乗っていれば、二重丸になって相手にしっかり届きます。

でも、「ありがとう」と言いながら、内心「ちぇっ」と思っていると、丸い言葉を使っていても、バツの気持ちがそこに乗る。すると結果的に、相手には三角くらいの中途半端な形でしか届かない。そんなイメージです。

相手の話を聴いているとき、「お釈迦さまはこう言っていました」など、何かうまい言葉を返してあげたくなるかもしれません。でも、どんなにかっこいい言葉を選んでも、そこに心が乗っていなければ、相手には届かないのです。

心の底から出た言葉には、どんな格言も勝てません。

気の利いたことを言おうとする必要はなく、素で話を聴いて、素で出てきた言葉、気持ちがしっかり乗った言葉を、ポンと返してあげればいいのです。

濁《にご》った川は深く見えて、澄んだ川は浅く見えます。難しい言葉や言い回しを使って話をすると、いかにも深いことを言っているように見えますが、実はわかりにくい言葉で煙《けむ》に巻いているだけだったりします。

一方、はっきりわかる言葉で話していると、一見、底が浅い印象になります。当たり前のこと、みんなが知っていることを言っているだけのように見えるかもしれません。

でも、そんな「澄んだ水」こそが、相手にとっては有用な水ですよね。専門用語やありがたい逸話をいくら盛り込んでも、相手に響くとは限りません。相手が聴きやすい、わかりやすい言葉で伝えてあげるようにしたいですね。

当たり前のことを、当たり前に言って、当たり前だと相手に言われる。それが「いい会話」だと私は思っています。

「目からうろこ」のような一撃を与える必要はありません。多くの場合、相手はその「当たり前のこと」が見えなくなっているからこそ、七転八倒しているのです。当たり前のこと、すでに知っているはずのことに、相手があらためて気づくことができるような聴き方、伝え方をすることに価値があります。

難しいことをやさしく、やさしいことを面白く、面白いことを深く。それが理想的な伝え方です。

脳は楽しいことが大好きで、面白いことは頭に入ってきやすいといいます。

難しいことは言葉を変えて簡単にする。そこに面白さを加え、さらに深みを出せればベストです。

私の場合、たとえば仏教の教えにある「貪《とん》」、つまり「むさぼる」という人間の煩悩についてお話しするとき、まず、その行いを「スーパーの果物売り場で、少しでもいいナシを選ぼうと、ナシをあさる」ことにたとえて、わかりやすくします。

そして「選ばれなかったナシは『そんなのナシ、ナシだ！』と泣いていますよ」などと、ユーモアをプラス。さらに「ナシを選ぶときは、そのナシの人生ならぬ『ナシ生』を引き受けるつもりで、手に取ったものをいただく。それが巡り合わせだと思うほうがいいのでは」と、最後に少し深みをつける。そんなふうにしてみています。

自分なりの「心が乗った伝え方」を、意識してみてはいかがでしょうか。

濁った川は深く見えて、
澄んだ川は浅く見える。

気の利いたことを言う必要はない。
素で出てきた言葉、わかりやすい言葉こそ相手に届く。

25 廃品利用に気をつけて

「この失敗をバネに頑張って」「苦労があってこそ成功するものだよ」。

失敗して落ち込んでいる人や、いま大変な思いをしている人に対して、励ますつもりでそうアドバイスする人はよくいます。

こうした「失敗や苦労は無駄にならない」式の物言いは、一種の「廃品利用のすすめ」であるようにも思います。

「あの苦労があったから、いまの成功がある」と語る人は、成功している人です。その一方で、同じような苦労をしても成功できず、命を絶った人は、いくらでもいるはずです。

失敗や苦労が必ずしも糧《かて》にはならないケース、努力が必ずしも実らないケースがあります。

それを認識せずに、「苦労は買ってでもするべき」「努力は必ず実る」というスタンスで話を聴いていると、相手にプレッシャーを与えるだけになってしまうことがあります。

「苦労してこそ成功できる」というスタンスだと、「苦労はしたくない。ラクな道を進みたいんです」と話す人に対して、批判的な気持ちが出てきます。

でも、ツルツルとラクな道を進んで、大成功している人だっています。それは苦労をよしとする世間の風潮に合わず、反感を買いやすいので、本人たちがその事実をあまり公言しないだけです。

努力を強要しない。苦労をむやみに賛美しない。そんなスタンスで聴くことを意識しておきたいものです。

私のところに相談に来る人を見ている限りでは、いまの若い人は、「なるべく苦労をせずにラクに生きたい、波風のない人生を送りたい」と思っている人が多いという印象があります。

車も欲しくないし、いい企業に就職しなくてもいいし、留学なんて興味もない。私たちの世代が彼らと同年代だった頃のことを思うと、ずいぶん変わったなと思います。

でも、それでいいと思いながら、私は彼らの話を聴いています。「若いんだから、留学のひとつでもしてみたら」なんてことは言いません。

私の息子も、大学受験のとき、頑張ればもっと難関の大学に行けると先生に言われていましたが、必死に勉強しなくても行ける大学に進みました。

入学した大学で、いま本人は大いに楽しんでいます。しゃかりきに受験勉強を頑張らなかったことで、これからの人生に何か不都合が出るようにも、いまのところ思えません。それなりに、のらりくらりと生きていってくれればいい。そう思いながら見守っています。

失敗や苦労は
必ずしも糧にならない。
努力は必ずしも実らない。

「苦労してこそ成功できる」というスタンスは、
相手にプレッシャーを与えるだけになることも。

26 会話を弾ませるツール

「いいですね」「そりゃ大変」「うわ、それはいやだな」「わー、うらやましい」「あ、おいしそう」。

話を聴いているとき、こうしたつぶやきのようなワンセンテンス、心に浮かんだ率直な感想を返してみてください。

この絶妙な合いの手が、相手にもっと話したいと思わせ、会話を弾ませる役割を果たします。

ポイントは、「心に浮かんだ率直な感想」であること。

たとえば、子育てが大変という話を聴いて、「頑張ってますね」と言う。これは、なんだか「上から目線」で評価しているようで、相手にはあまり響かないと思います。

それよりも、「すごい」「いやー、それは大変だあ」など、本当に飾り気のない心のつぶやきのようなものが、会話の中にスポンと入ると、うまくいく気がします。

もうひとつ、聴き手の「声」も重要なツールです。

基本的に、相手が高めの声で話しているときは、こちらも高めの声で返す。逆もしかりです。これは心理学で言う「ミラーリング」、つまり相手のしぐさや言動を鏡のように真似《まね》ることで、相手に親近感を抱かせるテクニックです。

相手の声が高くなるのは、だいたいポジティブなことを話しているとき。「もう、孫が本当にかわいくって！」と、テンション高く相手が話しているのに、こちらが「へえー」と低い声で返したら、話の腰を折ってしまいます。

反対に、「夫が亡くなって、毎日悲しくて……」と低い声で話す相手に、「そうなんだ！」と高い声で朗《ほが》らかに返したりはしませんよね。

声のトーンを相手に合わせる。これでまず間違いありません。

ただ、相手の気持ちを変えたいときは、あえて逆にすることもあります。

「世の中、いやなことばかりで……」と、相手が低いテンションで延々とグチを言っているようなとき。こちらも同じトーンで返していると、相手の気持ちはどんどん落ちていきます。

そういうときは、「ほんとそうだよね、世の中いやなことばっかりだよねえ！」と、あえてトーンを上げて返す。すると、それにつられて相手の気分も上がってくることがあります。

また、相手が怒りなどで感情的になっているときは、落ち着かせるために、こちらのトーンを下げます。夫と喧嘩して「いますぐ離婚したい！」と息巻いている相手には、「まあまあ、ゆっくり聴かせてよ」と、穏やかに返します。

私たちが発する声は、立派な道具。それを意識的に使ってみることをおすすめします。

絶妙な合いの手や
声のトーンが、
話したい気分にさせる。

飾り気のないつぶやき、相手のトーンに合わせた声が、
会話を盛り上げる。

第4章
「物語」を書き換える

27 相手自身が動くように聴く

なんとかしようとは思わず、相手の話をただ聴く。とはいえ相手からアドバイスを求められたときには、何らかのフィードバックをする必要があります。

そのとき、相手が抱えている問題が、自分なら対処できないほど大きなものだったりすると、「自分には何も言えない」と感じて、フィードバックを躊躇《ちゆうちよ》したり、歯切れの悪い言葉を返してしまうことがあります。

「フィードバック」の語源は諸説あるようですが、一般的には大砲で飛ばした砲弾の着弾地点が狙った地点とどのくらいの差があるかを射手《しやしゆ》に報告することだといいます。

その役目を担うのが「フィードバッカー」と呼ばれる人です。フィードバックにおいては、フィードバッカー本人が砲弾を撃つことができるかどうかは、関係ありません。フィードバッカー自身の持ちうる最大限の能力を使って、いま砲弾を撃つ人の、次の弾が的に当たるように話をすればいいのです。

相手にアドバイスをする必要があって話を聴いているとき、自分のことは棚上げする。ここはどうぞ私と一緒に「棚上げ倶楽部」に入部してください。そして、純粋に目の前の相手のことだけを見て、言えることがあれば言っていいと思います。

「運動」という言葉は、「運が動く」と書きますが、「動いた人の運が開ける」という読み方もできます。

相手の運は、その人自身が動かなければ開けることはありません。したがって、相手の話を聴くときは、感情であれ行動であれ、とにかく相手自身が動いて、相手のこれからが、いい方向に向かうように聴く必要があるのです。

フィードバッカーは、いろいろ声をかけることによって、砲弾を撃つ人が大砲の向きや身体の動きなどを修正し、砲弾を的に当てられるようにするわけです。フィードバッカー自身が、自分だったらこうする、ああするなどと言い出したりはしません。

乳がんが再発するかもしれないと心配している、ある女性の話を聴いたときのことです。その直前に受けた検診で、再発の可能性はきわめて低いという結果が出ていたことは、彼女自身も私も知っていました。

それでも不安を感じている彼女に対して、私が検査結果を持ち出して「再発の可能性は低いと思いますよ」と言っても、それは私が動いただけ。彼女自身の気持ちが、「この結果が出ているから大丈夫」という、「当てたい的」の方向に動くように、話を聴かなければなりません。

なぜ再発が心配なのか、どういうことが不安だと感じているのか。丁寧に話を聴きました。そして最終的に「このあいだの検診、大丈夫だったし、大丈夫かな」という言葉が彼女の口から出た。つまり、「的に当たった」のです。

聴き手は、あくまでも相手を動かす役割です。上手な「フィードバッカー」になってください。

相手の運は、相手自身が動かなければ開けない。

自分のことは棚上げして、相手をいい方向に動かすためのフィードバックをする。

28 物語が変われば過去が変わる

いまこの瞬間に起きていること、あなたが経験していることは、次の瞬間には過去になります。

すべてのできごとは、過去になった時点で、事実としてではなく、人それぞれの物語として蓄積されます。

たとえば、何か大きな事件が起きたとき。それを「起こるべくして起きたこと」と思う人もいれば、「理不尽な悲劇」とする人もいます。

事件が発生した時点では、その事実があるだけです。でも、そこから1秒でも経過した時点から、あなたにとってのその事件と、私にとってのそれは、同じものではなくなっている。つまり、それぞれの物語になっているのです。

過去につらい経験をして、それが忘れられずに苦しんでいる人に、「なかったことにして、忘れちゃいなさいよ」と言っても、事実そのものをなくすことはできません。

相手の中にあるのは、事実そのものではなく、「つらかったこと」としての物語です。「つらいことじゃないよ、考え過ぎだよ」と、他人がどれだけ言おうと、その物語は変わりません。

相手の話を聴くときは、本人がつくりあげたその物語を変えることを意識します。物語が変われば、必然的に過去が変わります。事実がどうであったかということは、もはや関係ありません。そうすることで、相手のつらさや苦しみを軽減することが可能になります。

では、どうすれば物語が変わるのでしょうか。

その方法は「語ること」です。語っていくうちに「話が変わる」。そのことは、みなさんも経験として知っていると思います。

噂話は、何人もの人が口々に話すうちに、尾ひれがついていきます。たとえば「玉置妙憂が転んだ」という話が、人から人へ語られていくうちに、「何か歩き食いをしていて転んだらしいよ」「すごい段差から転がり落ちたんだって」と、伝言ゲームのように変容していくものです。

語ることによって、物語が変わります。ですから、本人がとらわれていることについて、何度も繰り返し語ってもらうことが大事なのです。

同じことを何度も語ることで、本人は物語を書き換えていくことができます。物語を書き換えるのは大変な作業なので、サポーターが必要です。そのサポーターが聴き手です。

相手が語ることを、聴き手が上手に聴かないと、物語は書き換えられません。同じ話をされて「その話は前にも聴いたよ」と遮ったり、「いつまでもこだわっていないで、前を向いて」などとダメ出ししたりすると、相手はそれ以上、物語を語ることができなくなってしまいます。

聴き手は、相手の物語を書き換える作業を邪魔しないように聴く。「うんうん」と黙って聴く、「悲しいって、どういう感じなの?」と、パラフレーズを使って感情を分解していくなど、これまでお伝えしたことを活用してみてください。

物語を書き換えることができるのは本人だけ。餅《もち》つきの「合いの手」のように、相手がつくお餅が上手にできあがるのを助けるイメージで、書き換えのお手伝いをするのが、聴き手の役割です。

つらい過去を書き換える方法は「語ること」。

物語を書き換えられるのは本人だけ。
その作業をサポートするのが聴き手の役割。

29 世界が変わる合図

繰り返しになりますが、人間は自分がつくった仮想現実に住んでいます。「職場で人間関係がうまくいかない」と悩む人から、相談を受けることがよくあります。そういう人はたいてい、転職や部署異動など「職場を変える」という方向で、問題を解決しようと考えます。

現状を変える手段としてなら、職場を変えることは悪くありません。でも、自分自身が変わらない限り、次の職場に行っても同じことが起きます。

その人はいま「職場で人間関係がうまくいかない」という世界にいる。それはその人自身がつくっている世界だからです。

本人自身が変われば、状況はきっと変わります。悩みを抱えている人の話を聴くときには、相手自身に変わってもらえるように聴く必要があります。

話を聴いていて、相手が変わったとき、その合図となる言葉があります。

それは「あ、そうか」。

悩みについてあれこれ話しているうちに、相手が「あ、そうか」と言ったら、それは、いままで見えていなかった何かに、本人が気づいたということ。つまり、その人がいままで住んでいた世界が変わったのです。

こちらが問題の解決手段を提案しても、それでは何も変わらない。相手自身から「あ、そうか」という言葉が出てくることを期待しながら、私は話を聴くようにしています。

「あ、そうか」という言葉は、相手の世界が変わった合図。

相手の世界が変われば、悩んでいる状況も変わる。
その変化を促すように聴く。

30 見えない不安を言葉にして書き換える

言葉があることで、概念ができます。

『旧約聖書』の『創世記』では、天と地を創造した神が「光あれ」と言い、それまでは混沌とした暗闇だった天地に、光が生まれたとされています。

「光」という言葉を神が発したことで、光というものが存在するようになった、というイメージですね。

言語化する、つまり言葉にすることによって、見えない漠然としたものが、きちんと形になって整理されるのだと思います。

不安だと話す人はたいてい、実際のところ、何が不安なのかよくわかっていないものです。多くの場合、その不安は、職場のあれこれや家族のこと、将来のことなどが入り交じった、非常に混沌としたものです。

話を聴く側は、相手がその不安を一つひとつ明確に、言語化できるように聴きます。

目に見えないごちゃごちゃとした恐ろしいものが、言葉にすると、見えるようになります。

漠然とした不安、たとえば「老後が不安」なら、具体的にどういうことが不安なのか、一つひとつ詳しく聴いて、それを相手が言語化できるようにしていきます。それによって、相手が不安に振り回されなくなる可能性があります。

そこで認識しておきたいのは、言語化した言葉は上書きされるものだということです。

「一度言ったことは変えてはいけない」ということが、一般的には暗黙のルールのようになっています。でも、それを意識し過ぎると、言語化することを躊躇《ちゅうちょ》してしまいます。

言葉はどんどん上書きされるもの。私たちは生きている限り、つねにいろいろな経験を積み、年齢を重ねていきます。その中で、言ったことが一度も変わらないほうが不思議です。10年たっても言うことが何も変わらないとしたら、それはまったく成長していないということだとも言えます。

相手の話を聴いていると、「前に言っていたことと違うよね？」と思うようなことも出てきます。でも、それを指摘するのは賢明ではありません。

昨日と今日で、あるいは話の初めと終わりで、言っていることが変わりながら、物語が変わっていくのです。まず重要なのは言葉にしてもらうこと。そしてその言葉が変わっていくことをヘンだと思わず、責めない姿勢が大切です。

漠然とした不安を言葉にして「見える化」する。

不安の要素を一つひとつ言語化することで、不安に振り回されなくなる可能性がある。

31 過去は言葉でできている。未来は言葉に乗っている

すでにお話ししたとおり、私たちにとっての過去は、事実そのものの羅列ではなく、私たちそれぞれの「物語」です。

その物語は、言葉でつづられています。つまり、過去は言葉でできている。ということは、言葉が変われば過去が変わる。ですから、相手の過去を変えるには、相手の言葉が変わるように話を聴きます。

一方、未来の事実はまだ存在していませんが、言葉にすることによって、そこに乗ってきます。

未来のことを聴くときは、それをできるだけリアルな言葉にして、そこに事実が乗ってこられるようにします。

たとえば、「幸せになりたいんです」という相談はよくあります。でも、それではあまりにも漠然とし過ぎていて、未来の乗りようがありません。

そこで「あなたにとっての幸せって、どういうことですか？」と聴きます。「結婚すること」という答えが返ってきたら、「結婚すると、どんなことが幸せだと思いますか？」と、さらに聴く。そんなふうに、どんどん具体的にして、その言葉に未来が乗るように聴いていきます。

言葉の力は、みなさんもよく知っていると思います。言葉は思いの表出であり、言葉の表出によって概念ができ、私たちそれぞれの世界ができます。その言葉の力を意識することで、よりよい聴き方ができるのではと思います。

未来をリアルな言葉にすれば、事実がそこに乗ってくる。

言葉が私たちの世界をつくっている。
言葉の力を意識すると、よりよい聴き方ができる。

32 思い込みの言葉を変えるように聴く

使っている言葉で、その人の世界ができているのであれば、使う言葉のメンテナンスが必要です。

「どうせ何をやってもだめです」という言葉を使っていたら、その人の世界は「どうせ何をやってもだめ」な世界。未来がそこに乗ってしまったり、過去がそのようなものになってしまったりするのです。

相手の話を聴きながら、その言葉のメンテナンスをする。つまり、「どうせ何をやってもだめ」という言葉が変わるように、話を聴きます。

たとえば、「どうして、何をやってもだめだと思うんですか？」「いままでうまくいったことはひとつもないんですか」と聴く。するとたいてい、うまくいったことがひとつやふたつは出てきます。

そこで「ああ、うまくいったことがあるんですね。それはどんなことですか」と、その話を聴く。

そんなふうに聴いているうちに、「どうせ何をやってもだめ。うまくいかない」という言葉が、「たまにはうまくいくこともありましたよ、そりゃ」になり、さらに「もしかしたら、やりようなのかもしれないですね」に変わっていったらうれしいですよね。

相手自身が、自分の使っている言葉のメンテナンスができるように。そのお手伝いをしてあげてください。

相手が使っている
言葉のメンテナンスをする。

ネガティブな言葉がネガティブな世界をつくる。
その言葉を変える手伝いをする。

33 ラクに生きていける方向に書き換える

人が人の話を聴く。その究極の目的は、相手がつくっている物語の書き換えを手伝うことです。

どう書き換えるのかと言えば、その人自身がラクになるように書き換えればいいのです。世間一般の尺度に合わせて、こうあるべきという方向に書き換えるのではありません。そのゴール設定を間違ってはいけないと思います。

私たちが書き換えたいと望む方向。そうではなく、本人が書き換えたい方向、本人がラクに生きて行ける方向に書き換えればいいということです。

本人が頑張らずに生きていきたいのなら、そう生きていける方法を探すような物語を積み上げていく。それでかまわないのです。

でも、本人が実は、生きがいがないことにむなしさを感じているとしたら、「頑張らずに生きる」物語では、本人の望む方向にはそぐわないので、別の物語に書き換える方向で聴きます。

聴くことは、物語の書き換えのお手伝い。そのことをぜひ意識してもらえたらと思います。

聴くことの究極の目的は、相手がつくっている物語の書き換え。

あくまでも本人が望む方向に書き換える。
そのゴール設定を間違えないこと。

第5章

耳を傾けるところに仏が生まれる

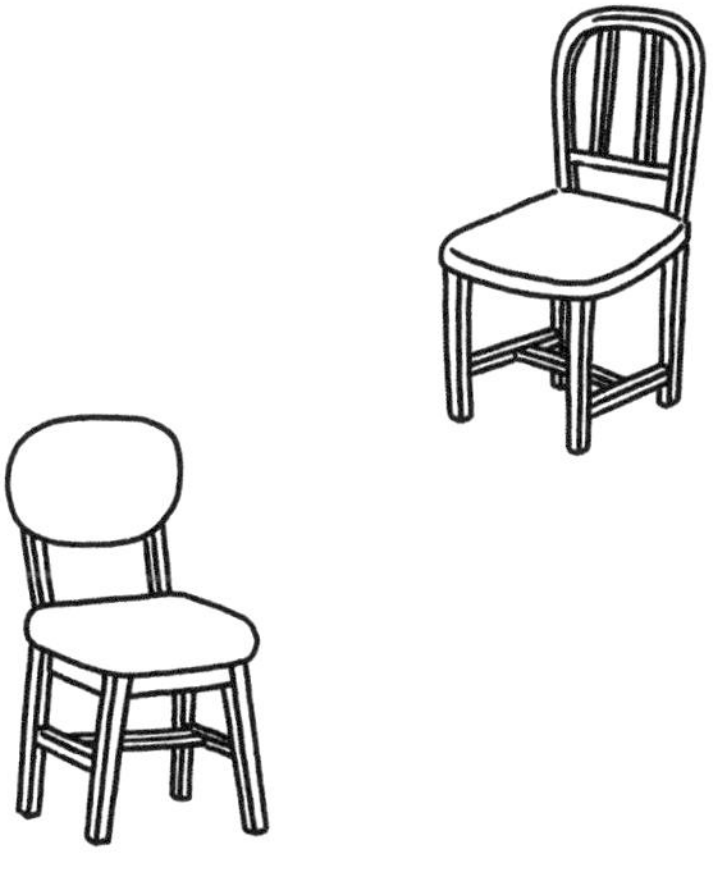

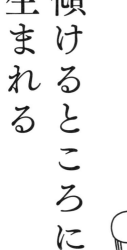

34 聴き手はトイレ

相手が話したいことを、話したいように話せる、安全な場所になる。それが聴き手の役割です。それに加えて「話したいときに話せる」存在であればベストです。

安全とは、つまり相手が話したことを他言しない、ジャッジしない、評価を下さないということです。

相手は相応のリスクを負ったうえで、悩みなどを聴き手に打ち明けています。他人に言いふらされるかもしれないし、「そんなことで悩むような人なのね」と思われるかもしれない。それでも話さざるを得ない、話さずにはいられないから話しているのです。

それを受け止める聴き手は、「大丈夫だよ」という安全宣言を出したいところです。「あなたから聴いたことは誰にも言わないから大丈夫よ」「今日聴いたことはそのまま聞き流して忘れちゃうから、なんでも言って」と、最初に伝えてあげるといいでしょう。そして、その言葉は必ず守り、安全を担保しなければなりません。

聴き手はトイレのような存在であることが望ましいと、私は思っています。トイレに求められるのは、まず安全であること。そしてほんのり温かく、清潔なことも大事。でも、豪華である必要はありません。純金でできたトイレなんて、落ち着かなくて困ります。

「ニーチェはこう言っています」「心理学的にはこういうことです」など、ゴテゴテと身につけた知識で、ありがたみのありそうなことを言う。それは金ピカなだけで、安全でも安心でも穏やかでもありません。

トイレはただそこにあるだけ。用がある人のほうから来る場所であり、不動です。「どうですか、いま用はありませんか」と、トイレのほうから追いかけてきたり、トイレからにょきにょきと手が出てきて、こちらの着衣を直してきたりしたら恐怖ですよね。

話したい人のほうから話してくる。それを受け止めるのが聴き手です。そして、聴いたら聴きっぱなし。相手の話に対して、なんとかしようとあれこれアドバイスはしません。

また、トイレは出されたものをキープしておくことはせず、すぐに流してしまいます。つまり、相手から聴いたことを心の中に持ち続け、次に会ったときに「あれはどうなったの?」などと尋ねたりはしません。前回、相手が大泣きしていたとしても、そんなことは忘れたようにして、新たに話を聴きます。トイレのごとく、余計なことは一切しない。聴いたことはざーっと流して、知らん顔をする。それが聴き手の本当に好ましいあり方だと思っています。

そして大切なのは、「トイレがある」ことを、相手が知っているということです。

行き先でトイレを探すことを心配して、出かけることに慎重になりがちな人も、そこにトイレがあるとわかっていれば、安心して出かけられます。

自分が話したくなったとき、つらいことを打ち明けられる人が、いつも不動でそこにいる。そのことを知っていれば安心できます。その安定感が、相手の支えになるのだと思います。

余計なことはせず、
聴いたことは流す。
そんな聴き手でありたい。

話を聴いてくれる相手がいつも不動でそこにいる。
その安定感が相手の支えになる。

35 川は渡らない

前項でお伝えしたように、聴き手は、相手が話したいことを、話したいときに話せる存在であることが理想ですが、同時に心に留めておきたいことがあります。

人と人の間には、川が流れています。話を聴いて、相手との距離がどれほど近くなったとしても、あなたと相手の間には川が流れている。そのことを忘れてはいけません。

私自身、そのことで失敗した苦い経験があります。看護教員として指導していた学生の中に、実習の前になると精神的に不安定になり、お腹が痛くなって、どうしても実習に行けない子がいました。

実習の単位が取れないと、看護師の国家試験が受けられないので、教員の立場としては、なんとか実習に行かせる必要があります。本人も必死に頑張ろうとしているので、支えてあげたい。そこで「一緒に頑張ろう。いつでも電話してきていいからね」と、私の携帯電話の番号を教えました。

すると、本当に四六時中、彼女から電話がかかってくるようになりました。それこそ深夜の2時、3時でも電話が鳴り、「またお腹が痛くなって……」と、切々と訴えられる。最初は頑張って応対していましたが、私も人間ですから睡眠はとらなければならないし、家庭もあります。やがて限界が来て、ギブアップ状態になってしまいました。

同じ職場の精神科の医師に相談すると、こう言われました。

「玉置さん、人と人の間には川があります。その流れの中に、足を踏み入れてはいけないんですよ」

24時間、いつでも電話してきていいなどと相手に言うのは、その流れに足を踏み入れたということ。でも本来は、相手の運命を背負う覚悟がない限り、川に足を突っ込んではいけないのです。

その理由は、自分の生活が脅《おびや》かされるからなどということではありません。困難な状態にあった学生に、私が親切心で「蜘蛛《くも》の糸」を垂らした。「ああよかった」と、相手がそれにしがみついてきたところで、私のほうに限界が来て、糸をプチンと切ってしまったわけです。

それまでなんとか自力で立っていた相手に、なまじ蜘蛛の糸を垂らしてつかまらせて、それを切ったばかりに、相手がもう立ち上がれなくなる可能性がある。相手をさらに悪い状況にたたき落としかねないからこそ、川は絶対に渡ってはいけないのです。

自分の限界を知って、川を渡らない。冷たいようですが、それが最終的には相手のためです。

人の相談に乗るとき、「してあげられることがあったら、なんでも言って」などと言ってしまいがちですが、これはNGです。

たとえば「○時までなら電話をかけてきてもいいよ」というふうに、あらかじめ自分が責任を持てる範囲の条件をつけるようにします。

「なんでも言ってね」と相手に言って、「じゃあ、1千万円用意して」と言われたら、「いや、それはできません」となりますよね。私たちは結局、なんでもすると言いながら、自分のできることしかするつもりはないのです。そこは相手にちゃんと伝えるべき。それが「川を渡らない」聴き方です。

相手と自分の間に流れる川に、足を踏み入れてはいけない。

「してあげられることはなんでも言って」とは言わない。
それが最終的には相手のため。

36 聴いたら聴いてもらう

ケアする人は、ケアされなければなりません。人の話を聴いたら、自分も誰かに話を聴いてもらうことが、どうしても必要です。

悩みや不安、つらい経験など、ネガティブな話を聴くと、それが重いものであればあるほど、心に負荷を感じます。その負荷を無意識のうちに軽減しようとして、荷物を渡すように、誰かに話したくなるのです。

話を聴く人が、誰かに話すという形で、ストレスをリセットすることは不可欠です。とはいえ、すでにお話ししたように、自分が聴いた話を他言することは、原則的にＮＧです。

聴いたことをむやみに他人に話すようなやり方ではない、適切なリセットの方法を用意しておく必要があります。

職場でいやなことがあると、信用のおける同僚と飲みに行ってグチったり、家で家族に話したりすることがありますよね。自分が受けたストレスを、話すことで誰かにちょっと担ってもらうことを、私たちは日常的に行っています。

大事なのは、その相手を間違えないこと。人の話を聴いてストレスを受けたとき、誰に話せばそのストレスをリセットできるのか、あらかじめ考えておくといいでしょう。

ちなみに、私たちが行っているスピリチュアル・ケアでは、ケアする相手から非常に重い話を聴くことが多いのですが、守秘義務もあり、聴いたことを他人に言うことは絶対にできません。

そこで私たちは、スーパーバイザーと呼ばれる存在を確保しています。スピリチュアル・ケアを行うなかで、自分では処理しきれなくなるほどのストレスや、言葉の燃えかすのようなものがたまってしまった場合は、そのスーパーバイザーに話をしてリセットする、という形をとっています。

そんなふうに、信用のおける人に、話を聴いてもらえるようにしておくといいと思います。

重い話を聴くと、それを人に話したくなってしまう。それは一種の防御本能です。それが望ましくない形で発動することのないよう、気をつけておく必要があります。

聴いたことによるストレスを、適切な方法でリセットする。

信用のおける人に聴いてもらうなど、たまった言葉の燃えかすの処理方法を用意しておく。

37 認識と同時に生じる感情を自覚する

「生きている」とは、どういうことでしょうか。「息をしていれば生きている」と考える人もいれば、「夢や希望を持って日々前進することが、生きているということだ」と言う人もいるでしょう。

お釈迦さまは、生きているとは「認識すること」だと言っています。

認識する、イコール生きている。だとすれば、人間の顔などを認識するＡＩは生きているのか、といった問題が現代では生じることになりますが、ともかくもそう定義しています。

さらに、「認識すると同時に感情が生まれる」とも言っています。私たちは、感情を生じさせることなく、何かを認識することはできません。

目の前にあるコップひとつでさえ、それを見て「あ、コップだ」と思うと同時に、「きれい」「汚れている」「自分のものだ」などと感じます。人は、何かを認識したとたんに、感情がパッと生まれるようになっているのです。

当然ながら、人に会って、なんとも思わないということはありません。相手が誰であれ、会った瞬間になんらかの感情が生まれます。「初対面の印象が大事」などとよく言われるのはそのためです。

人の話を聴くとき、この「認識と同時に生まれてしまう感情」は、とても厄介です。目の前に座った相手を見たとたんに、「気が強そう」「おとなしそう」といった感情が生まれる。それを止めることはできません。自分の意志で心臓の動きを止めることができないのと同じです。

感情を止めることはできない。でも、それに気づくことはできます。

相手の話に無意識にダメ出ししていたり、憤慨していたりする、その自分の感情に気づき、認める。これが非常に大事です。

その感情を認めることなく、相手の話を聴き続けていると、「さっきからそんなことを言っているけど、少し考えが甘いんじゃない？」などと、感情を暴発させるリスクがあります。

感情に気づくことができなければ、それをコントロールすることも不可能です。怒りの感情のコントロール法であるアンガーマネジメントには、「6秒数えて、怒りのピークをやり過ごす」という方法があります。でも、まず怒りの感情が出たことそのものに気づかなければ、6秒数えることもできません。

自分の感情を認めることさえできれば、それで8割解決。あとの2割で、たとえば6秒数えるなどの対処をすればいい。自分の中に生まれる感情を敏感にキャッチしながら相手の話を聴き、上手にその感情をコントロールしていきたいですね。

感情を止めることはできない。
でも、
それに気づくことはできる。

認識と同時に生まれる感情に気づくことができれば、
そのコントロールが可能になる。

38 言葉の証人になる

　ここまで読んできて、「じゃあ、聴き手っていったいなんなんだろう？」と感じている人もいると思います。

　アドバイスもしない。自分の経験値も伝えない。相手が決めることを、ただ聴いているだけ。だとすれば、「聴き手は何もできないのでは」と、自信をなくしてしまうかもしれません。

　聴き手には重要な役割があります。それは、相手が発した言葉の証人になることです。

言葉は、口にしたそばから消えていくものです。でも、それを聴いた人がいれば、その人の記憶を介して言葉が残ります。

看取りのあと、本人が生前こんなことを言っていたと、遺された人たちが懐かしく語り合う場面はよくあります。

言葉は、その人の人生のかけらであり、生き様《ざま》を表すものでもあります。聴き手は、その重要な証人になっているということです。

私たちは、相手の話を聴くことで、その大きな役割を果たしています。

聴くことによって、何かが劇的に変化しなくてもいい。ただ相手の言葉を、証人として心に刻んでいく。それでかまわないのではと思っています。

消えていく言葉は
人生のかけら。
聴き手はその証人になれる。

聴くことで、何かが劇的に変化しなくてもいい。
証人として、言葉をただ心に刻んでいく。

39
仏は空にいるのではない

たとえば、災害時に被災地に駆けつけてボランティアをするなど、明らかに人のためになる立派な行いをする。そんな「いいこと」をするところに「仏がいる」というイメージがありませんか。

たしかに、そこにも仏はいます。でも、もっと身近なところに「いいこと」はどんどん生まれています。

悩みや不安を抱えている相手の話に耳を傾ける。そんなごく当たり前の、誰にでもできるようなことをするところに、仏が生まれてきていると思います。

困窮している人に、10万円をポンと渡したら、「すごくいいことをした」と人から言われるし、自分でもそう思うかもしれません。でも、相手がそれで本当に救われているかどうかはわかりませんよね。物質的にはともかく、気持ちの面ではどうでしょう。

10万円を渡すよりも、その人のところに行って、じっくりと話を聴く。それによって本人が「本当に救われた」と感じるかもしれません。そういうところに仏が生まれている。つまり、真の意味での救いがあるような気がします。「自分が話を聴いたところで役には立てない」「話を聴いて、具体的な解決に導いてあげなければ意味がない」などと思う必要はないのです。

仏は天高い空、つまり、たいそうな行いをするところだけにいるのではありません。人の話に耳を傾けるところに「仏」は生まれてくる。そのことをぜひ、心に留めておいてください。

人の話に耳を傾けるところに仏が生まれてくる。

困った人に寄り添い、じっくり話を聴く。
そんなところに真の意味での救いがある。

40 一瞬で通じ合えることもある

「人の話を聴くには、まず相手と信頼関係を築きましょう」。聴き方や会話のスキルの本には、たいていそう書いてあります。

医療系のケアの教科書には、信頼関係の構築が絶対的に不可欠で、それなしに相手の話を聴くことは不可能、というくらいのことまで書かれています。

でも私は、現場での経験から、話を聴くうえで信頼関係は必須ではないと思っています。

人と人が信頼関係を築くのは、そう簡単なことではありません。1回こっきり、数時間会うだけでできるわけがない。何度も時間を共有し、一緒に何かをしたり考えたりすることを重ねていくうちに、醸成されていくものでしょう。

それが必須だとしたら、終末期のスピリチュアル・ケアは成立しません。それを行う私たちはつねに、次に会えるかどうかわからない状況で相手に会います。まさに一期一会で、結果的にそのとき1回しか会えなかったということが、たくさんあります。

だから相手の話が聴けなかったかといえば、そんなことはありません。まるで磁石のN極とS極がピタリと合うように、瞬時にして深い次元での交流が成立することが起こり得る。そのことを、私は実体験を通じて感じています。相手との信頼関係が築けていなくても、それこそ初めて会った相手に対しても、いい聴き方ができることは十分にあります。そこは自信を持っていいと思います。

同時に、「話を聴くには相手との信頼関係が必要」ということを、逃げ道にしないことも大切だと思っています。

相手の話が自分には手に負えないと感じたりすると、「私はあなたのことをよく知らないから、その話はよくわからないんだけど」などと言い出す人がいます。

信頼関係がないから、相手の話を聴いてもわからない、うまく話が聴けないと思うのは、逃げであり、相手に対する拒絶です。それは相手にしてみれば、非常に寂しいものです。

さほど親しくない人、互いによく知っているわけではない相手から、ふとかけられた言葉で救われた、という経験がある人もいるのではないでしょうか。

あのときのなにげない言葉、「うん」と頷いてくれた、その頷きひとつに本当に助けられた。人生の中で忘れられない救いになった。そんなクリティカルヒットと呼ぶべき一打が繰り出されることがあります。

一般的な意味での信頼関係のレベルではなく、もっと魂レベルでカチッと心が通じ合う、奇跡のようなタイミングがあるのです。

その可能性を信じて、相手の話に耳を傾けてほしいと思います。

魂レベルで
カチッと心が通じ合う、
奇跡のような
タイミングがある。

どんな関係性の相手に対しても、いい聴き方はできる。
それが救いとなる可能性がある。

〈著者略歴〉

玉置妙憂（たまおき　みょうゆう）

看護師・看護教員・ケアマネージャー・僧侶。

東京都中野区生まれ。専修大学法学部卒業。その後、看護師、看護教員の免許を取得。夫の“自然死”という死にざまがあまりに美しかったことから開眼し出家。高野山にて修行をつみ高野山真言宗僧侶となる。現在は、スピリチュアル・ケア担当の看護師として緩和ケア病棟・精神科クリニックに勤めるかたわら、非営利一般社団法人大慈学苑代表として、終末期からひきこもり、不登校、子育て、希死念慮、自死ご遺族まで幅広く対象としたスピリチュアル・ケア活動を実施。講演会やシンポジウムなども行っている。ニッポン放送「テレフォン人生相談」パーソナリティを務める。

著書に『まずは、あなたのコップを満たしましょう』（飛鳥新社）、『死にゆく人の心に寄りそう』（光文社）、『亡くなった人にできること』（総合法令出版）、『女性が幸せになるためのセルフ・スピリチュアルケア』（ＰＨＰ研究所）など多数。

看護師僧侶が説く
悩みの底を聴く力
2023年2月6日　第1版第1刷発行

著　　者　玉置妙憂
発 行 者　永田貴之
発 行 所　株式会社ＰＨＰ研究所
東京本部　〒135-8137　江東区豊洲5-6-52
ビジネス・教養出版部　☎03-3520-9615（編集）
普及部　☎03-3520-9630（販売）
京都本部　〒601-8411　京都市南区西九条北ノ内町11
PHP INTERFACE　https://www.php.co.jp/
組　　版　株式会社ＰＨＰエディターズ・グループ
印 刷 所　株式会社精興社
製 本 所　東京美術紙工協業組合

ISBN978-4-569-85379-6